Reinhard Abeln · Adalbert L. Balling

Für jeden Tag
ein kleines Glück

Ein Lese- und Vorlesebuch

kbw bibelwerk

Inhaltsverzeichnis

Ein Wort zuvor

Die Sehnsucht nach Glück und Zufriedenheit gehört zum Urtraum der Menschheit. In jedem von uns lebt ein unbändiger Hunger nach Glück. Er ist so elementar wie der Hunger nach Licht und Wärme, nach Liebe und Gemeinschaft, nach Speise und Trank.

Alle möchten glücklich sein, aber jeder versteht etwas anderes darunter. Blaise Pascal (1623–1662), der französische Philosoph, hat einmal das herbe Wort gesprochen: »Alle Menschen suchen glücklich zu sein, selbst der, welcher hingeht, um sich aufzuhängen.«

Schon an unseren Umgangsformen wird deutlich, wie wichtig uns das Glück im Leben ist. Zum Geburtstag, zur Hochzeit, zum neuen Jahr, zu einem schwierigen Unternehmen wünschen wir uns Glück. Wir wünschen dem anderen Erfolg, gutes Gelingen, Zufriedenheit, dass er hat, was er braucht, dass er findet, was er sucht. Es gibt die Glückwunschkarte, den Glückwunschbrief, die Glückwunschadresse, das Glückwunschtelegramm …

Der Schüler ist glücklich, vielleicht sogar ein »Hans im Glück«, wenn er eine schwierige Prüfung bestanden hat und zum Lob dafür eine große Reise machen darf. Der Sportler ist im siebten Himmel, wenn er wider Erwarten einen der ersten oder sogar den ersten Platz belegt hat. Der Kranke, der sich dem Tode nahe glaubte, atmet auf, ist glücklich, wenn man ihm bescheinigt, dass seine Geschwulst nicht bösartig ist.

In vielen Staatsverfassungen wurde das Recht eines jeden Menschen auf Glück verankert, vor allem in solchen, denen ein Wohlfahrtsstaat »mit dem größtmöglichen Glück für alle« vorschwebt. Aber bis jetzt ist es keinem Staat gelungen, einen relativen Glückszustand für alle seine Bürger zu erreichen. »Glück für alle« lässt sich nicht verordnen!

Was ist das eigentlich – Glück? Wie werde ich, wie bleibe ich ein glücklicher Mensch? Welche Rolle spielt Gott auf meinem Weg zum Glücklichsein? Um diese und viele andere Fragen geht es in dem vorliegenden Lese-/Vorlesebuch. Zahlreiche meditative Texte, kurze Erzählungen, bunte Fabeln und Legenden, lustige Episoden und viele Sinnsprüche laden Sie, liebe Leserinnen und Leser, zum Innehalten und Nachdenken ein.

Es lohnt sich, die Ausführungen immer wieder in einer stillen Stunde zur Hand zu nehmen. Lesen Sie heute diesen, morgen jenen Beitrag! Sie werden staunen, wie schnell Sie etwas finden, das Ihnen auf Ihrem Weg zum Glücklich- und Zufriedensein besonders guttut.

Dieses Buch möchte nicht belehren, sondern eine Ermutigung und Ermunterung sein, das Glück – ein Poet aus dem Libanon nennt es »die Harfe unserer Seele« – im eigenen Leben täglich neu zu entdecken und zu sehen, zu finden und zu empfinden. Auf diesem Weg wünschen wir, die Herausgeber, Ihnen viel Glück und den Segen Gottes!

Reinhard Abeln
Adalbert Ludwig Balling

Kapitel I

Glück –
was ist das?

Um wirklich glücklich zu sein,
muss man eine Aufgabe,
einen geliebten Menschen
und eine große Hoffnung haben.

Ricarda Huch

~

Glücklich ist einer …

der sich bei Sonnenuntergang
über die aufgehenden Sterne
freut

der so lange wartet,
an einem Veilchen zu riechen,
bis der darauf sitzende
Schmetterling davongeflogen ist

der sich Zeit nimmt,
Kinderfragen zu beantworten

der am Meeresufer sitzt
und Schäfchenwolken zählt

der nicht traurig ist,
wenn er sein erstes graues
Haar entdeckt; er weiß,
dass es besser ist,
graue Haare zu haben als gar keine

der im Winter Vögel und Rehe füttert,
obschon er von einer kargen Rente
leben muss

der am Fluss sitzt
und die vorbeigleitenden Kähne betrachtet.
Wasser und Wellen
beschwingen seine Fantasie;
fantasievolle Menschen
haben mehr vom Leben –
und werden vom Glück verwöhnt

Adalbert Ludwig Balling

Was ist Glück?

Diese Frage wurde schon millionenfach gestellt – und immer wieder anders beantwortet. Fast jeder Mensch hat seine eigene Deutung von Glück.

Als kürzlich in einer Familienillustrierten Prominenten diese Frage vorgelegt wurde, kamen unterschiedliche Aussagen zustande.

Ein TV-Star meinte, es mache ihn glücklich, wenn er eine Sternschnuppe vom Himmel fallen sehe.

Eine Olympia-Goldgewinnerin: Wenn ihre Familie gesund und fröhlich um den Tisch sitze, das sei für sie Glück.

Ein Bundesminister: Glück finde er beim Partner oder auch in der Musik. Ein anderer Politiker nannte den Aufstieg im Karwendel, kurz vor Sonnenaufgang, als sein großes Glücksgefühl.

Ein bekannter Tennisspieler: Glück sei, wenn er male oder mit dem Rad über Land fahre und dabei Musik aus seinem Walkman höre.

Ein betagter Fußball-Weltmeister: Glück sei für ihn, dass seine Frau ihm seit über 40 Jahren treu zur Seite stehe und immer Verständnis für ihn habe.

Eine Image-Beraterin: Das höchste Glück ihres Lebens habe sie bei der Geburt ihres Sohnes empfunden – aufregend und bestürzend schön!

Andere Prominente nannten ein warmes Bad den Inbegriff von Glücksgefühl oder ein gutes Essen, Harmonie in der Liebe, Erfolg im Beruf.

Was von keinem der Befragten angesprochen wurde: Das Glücksgefühl derer, die in Einklang sind mit Gott; die glücklich sind, weil sie sich getragen wissen von seiner Liebe und Barmherzigkeit.

Adalbert Ludwig Balling

Glück in kleinen Dingen

Das Glück ist nicht kompliziert,
es besteht nicht
aus großen seltenen Dingen,
die man lange suchen muss.
Kleine Dinge machen es aus:
innerer Friede,
der in den unausweichlichen
Prüfungen des Lebens
bewahrt wird;
Freundschaft mit Gott,
die Enttäuschungen
und Verrat der Menschen
zu entschädigen vermag;
Fähigkeit, die eigenen Wünsche
zähmen zu können.

Ein Eremit

»Bist du glücklich?«

Ich kenne einen Amerikaner, der nur gebrochen Deutsch spricht. Aber immer, wenn er einem Menschen zum ersten Mal begegnet, spricht er ihn direkt an, möglichst in dessen Muttersprache. Er erkundigt sich nach seinem Beruf, nach seinen Verwandten und – darauf legt er besonders Wert – nach dem Vornamen.

Dann redet er ihn nur noch mit Vornamen an – und mit Du. Er tut dies auch mit Leuten, die er nie zuvor gesehen hat. Völlig zusammenhanglos fragt er dann dazwischen: »Bist du glücklich?«

Die meisten, so höre ich, denken noch nach Jahren über diese so direkt gestellte Frage nach. Vielleicht dämmert ihnen auch, dass Glücklichsein immer auch ein Stück Arbeit an sich selber ist? Dass wir, damit das Glück uns glücke, unseren ureigenen Beitrag leisten müssen? Dass wir – letztendlich – auch, wenn auch nur stückchenweise, Schmiede unseres Glückes sind?

Adalbert Ludwig Balling

Glückliche Augenblicke

- Einem Menschen begegnen,
    der gute Worte schenkt
- Ein schönes Buch erwerben
- Eine Schar fröhlicher Kinder erleben,
    die eben das Schulhaus verlässt
- Überrascht werden von etwas,
    was man sich schon lange gewünscht hat
- Ein gutes Gespräch unter Freunden
    über Gott und die Welt führen
- Einen Zug verpassen
    und nicht ärgerlich werden
- In einer kleinen Kirche unverhofft
    eine schöne Madonnenstatue sehen
- Eine Träne trocknen
- Den Radfahrer noch rechtzeitig sehen
- Ein gutes Gewissen haben
- Gott als die große Realität erfahren
- Immer wieder Zeit haben
    und so die Chance, es besser machen
    zu können.

Reinhard Abeln

»Ein leises Singen der Seele«

Zenta Maurina nennt das Glück
»ein leises Singen der Seele«.
Leise ist es allemal;
sobald Glück laut würde,
liefe es Gefahr,
uns davonzurennen.
Das Glück gleicht
einem zarten Windhauch –
man spürt ihn,
kühlend und lindernd,
aber nur hauchdünn; ganz fern.
Wer ihn festhalten will,
dem zerrinnt er zwischen
den Fingern.

Adalbert Ludwig Balling

»Das Leben ist Glück, behalte es«

In dem Pflegeheim, das Mutter Teresa von Kalkutta im Jahre 1986 in New York für Aidskranke errichtet hat und dem sie den Namen »Geschenk der Liebe« gab, hängt in der Eingangshalle ein Poster an der Wand, auf dem sie mit ein paar Zeilen ihre Gedanken über das Leben zusammengefasst hat:

Das Leben ist eine Chance, nutze sie!
Das Leben ist schön, bewundere es!
Das Leben ist eine Wonne, koste sie!
Das Leben ist ein Traum, verwirkliche ihn!
Das Leben ist eine Herausforderung,
nimm sie an!
Das Leben ist eine Pflicht, erfülle sie!
Das Leben ist ein Spiel, spiel es!
Das Leben ist kostbar, geh sorgsam damit um!
Das Leben ist ein Reichtum, bewahre ihn!
Das Leben ist Liebe, genieße sie!
Das Leben ist ein Rätsel, löse es!
Das Leben ist ein Versprechen, erfülle es!
Das Leben ist Traurigkeit, überwältige sie!
Das Leben ist ein Lied, sing es!
Das Leben ist ein Kampf, nimm ihn auf!
Das Leben ist eine Tragödie, stell dich ihr!

Das Leben ist ein Abenteuer, wage es!
Das Leben ist Glück, behalte es!
Das Leben ist kostbar, zerstöre es nicht!
Das Leben ist Leben, erkämpfe es dir!

Mutter Teresa

Glück und Unglück

Eines Tages lief einem Bauern
das einzige Pferd fort
und kam nicht mehr zurück.
Da hatten die Nachbarn Mitleid
mit dem Bauern und sagten:
»Du Ärmster!
Dein Pferd ist weggelaufen –
welch ein Unglück!«

Der Landmann antwortete:
»Wer sagt denn,
dass dies ein Unglück ist?« –
Und tatsächlich kehrte
nach einigen Tagen
das Pferd zurück
und brachte ein Wildpferd mit.

Jetzt sagten die Nachbarn:
»Erst läuft dir das Pferd weg –
dann bringt es noch ein zweites mit!
Was hast du bloß für ein Glück!«

Der Bauer schüttelte den Kopf:
»Wer weiß, ob das Glück bedeutet?«

Das Wildpferd wurde
vom ältesten Sohn des Bauern
eingeritten, dabei stürzte er
und brach sich ein Bein.
Die Nachbarn eilten herbei
und sagten:
»Welch ein Unglück!«

Aber der Landmann gab zur Antwort:
»Wer will wissen,
ob das ein Unglück ist?«

Kurz darauf kamen die Soldaten des
Königs und zogen alle jungen Männer
des Dorfes für den Kriegsdienst ein.
Den ältesten Sohn des Bauern
ließen sie zurück –
mit seinem gebrochenen Bein.

Da riefen die Nachbarn:
»Was für ein Glück!
Dein Sohn wurde nicht eingezogen!«

Glück und Unglück
wohnen eng beisammen,
wer weiß schon immer sofort,
ob ein Unglück
nicht doch ein Glück ist?

Adalbert Ludwig Balling

Warum es keinen Krieg geben kann

Als der Krieg zwischen den beiden benachbarten Völkern unvermeidlich war, schickten die feindlichen Feldherren Späher aus, um zu erkunden, wo man am leichtesten in das Nachbarland einfallen könnte. Und die Kundschafter kehrten zurück und berichteten ungefähr mit den gleichen Worten ihren Vorgesetzten, es gäbe nur eine Stelle an der Grenze, um in das andere Land einzubrechen.

»Dort aber«, sagten sie, »wohnt ein braver, kleiner Bauer in einem kleinen Haus mit seiner anmutigen Frau. Sie haben einander lieb und es heißt, sie seien die glücklichsten Menschen auf der Welt. Sie haben ein Kind. Wenn wir nun über das kleine Grundstück ins Feindesland einmarschieren, dann würden wir das Glück zerstören. Also kann es keinen Krieg geben.«

Das sahen die Feldherren denn auch wohl oder übel ein und der Krieg unterblieb, wie jeder Mensch begreifen wird.

Aus China

Geschenke des Glücks

Will das Glück nach seinem Sinn
dir was Gutes schenken,
sage Dank und nimm es hin
ohne viel Bedenken.

Jede Gabe sei begrüßt,
doch vor allen Dingen:
Das, worum du dich bemühst,
möge dir gelingen.

Wilhelm Busch

Glücklich aus vollem Herzen

Albert Schweitzer ist jedem von uns bekannt. Er hatte Theologie studiert und war ein begabter Orgelspieler und Mediziner.

Als Urwaldarzt ist er uns in Erinnerung geblieben. Erst als er sich ganz den Kranken und Notleidenden in Lambarene (Westafrika) widmete, wurde er glücklich aus vollem Herzen.

Ihm verdanken wir das Wort: »Viele Menschen wissen, dass sie unglücklich sind, aber noch mehr Menschen wissen nicht, dass sie glücklich sein könnten.«

Adalbert Ludwig Balling

Zum Nachdenken

Das Glück
ist kein Kontinent,
nur eine kleine
tapfere Insel,
die sich der Wildheit
des Ozeans
anvertraut.

Christine Busta

~

Glücklich sind die,
die Träume haben
und bereit sind,
den Preis zu zahlen,
damit sie wahr werden.

Léon-Joseph Kardinal Suenens

~

Vielleicht kann man
glücklich sein,
wenn man es sein will.
Und ich hab einmal gelesen,
man könne das Glück auch lernen.
Das hat mir gefallen.

Theodor Fontane

Kapitel II

Die Sehnsucht nach Glück

Das Glück wird den Menschen
so selten zuteil,
weil sie es draußen suchen
statt innen.

Walter Nigg

~

Solang du nach dem Glücke jagst,
bist du nicht reif zum Glücklichsein.
Und wäre alles Liebste dein.
Solange du um Verlorenes klagst
und Ziele hast und rastlos bist,
weißt du noch nicht, was Friede ist.
Erst wenn du jedem Wunsch entsagst,
nicht Ziel mehr noch Begehren kennst,
das Glück nicht mehr mit Namen nennst,
dann reicht dir des Geschehens Flut
nicht mehr ans Herz –
und deine Seele ruht.

Hermann Hesse

Wunsch-los unglücklich

Du hast alles, was du brauchst – zum Leben, zum Genießen, zum Ferienmachen. Du bist adrett gekleidet, hast Schränke voller Kleider, reihenweise Schuhe, mehrere Perücken zum Auswechseln. Du fährst einen schnittigen Wagen. Die Kinder besuchen Mittel- und Oberschulen. Du bist rundum glücklich – meinen deine Nachbarn und Freunde.

Aber du bist es nicht. Du sagst zwar: Nein, danke, wir sind zufrieden. Danke der Nachfrage! Danke, danke – es geht uns prima!

Doch kaum sind die anderen weg, hinterfragst du dich selbst – und weißt auch schon die Antwort: Du bist unglücklich. Wunschlos, maßlos unglücklich!

Du schwebst zwischen Glück und Unglück, zwischen Zufriedenheit und Selbstqual. Du bist glücklich, ja, aber … Du hast ein herrliches Leben, stimmt, doch … Du bist gut gelaunt, klar, nur …

Je mehr du darüber nachgrübelst, umso klarer wird dir: Es ist alles so vielschichtig, so verschwommen, so ohne Sinn und Deutung! Du schaukelst dahin auf deinem diesigen Dasein. Dösend erlebst du die Welt: Solala! Und je länger du mit tristen Gedanken spielst, umso deutlicher dämmert es in deinem Hinterkopf: Alles ist ein ewig plänkelndes Auf und Ab! Ein Hin und Her. Ein Zwischen-den-Zeilen-Dasein...

Was fehlt dir zum inneren Glück? Zur echten Freude? Stimmt es etwa doch, dass wir nur in der Gegenüberstellung des Glücks mit dem Leid, des Qualvollen mit dem Frohen, des Unheils mit dem Frieden echte Genugtuung finden?

Stimmt es, dass wir glücklicher wären und zufriedener, wenn wir das Leid und das Unglück so vieler anderer bedächten?

Ist es wahr, dass Dankbarkeit auch Frieden schenkt und Glück – und Freude?

Adalbert Ludwig Balling

Lässt sich Glück kaufen?

»Ein Fünfeuroschein fürs große Glück« – so schallt es aus dem Fernsehgerät. Und dann wird erläutert: »Gewinne für viele Millionen Euro: Reisen, Häuser, Waschmaschinen, Stereoanlagen, Autos, Radiogeräte, Farbfernseher. Geben Sie einem Fünfer die Chance, für Sie zum Glück zu werden!«

Auch Antworten auf unsere Fragen werden uns angeboten: »Haben Sie Probleme? Kommen Sie zu uns! Wir lösen sie. Wir bieten Ihnen das kleine Glück im Eigenheim!«

So oder ähnlich lauten die täglichen Werbesprüche.

Eine erfinderische Industrie hat die Suche des Menschen nach Glück geschickt in ihr Werbeprogramm eingebaut. Straßen, Plakatwände, Litfasssäulen, Briefkästen und Zeitungen sind übervoll mit den verschiedensten *Angeboten* zum Glück. Das »Paradies« wird zum Kauf angeboten, in Geschenkausstattung und mit Goldverpackung.

Aber kann man tatsächlich Glück und Zufriedenheit – gleichsam von der Stange – kaufen? Können Vitamine (etwa »zur Verhinderung frühzeitigen Alterns«) oder andere Konsumgüter ein wirklich glückliches Leben schenken? Lässt sich Glück durch Knopfdruck herbeizaubern, im Laboratorium produzieren, auf dem Fließband herstellen?

Unsere Zeit, unsere Wohlstandsgesellschaft geben uns darauf selbst die Antwort: Es gab noch nie so viele Menschen, die so viele ihrer materiellen Wünsche befriedigten und die dennoch die Erfahrung machen mussten, dass dauerhaftes Glück auf diese Weise keineswegs garantiert ist. Im Gegenteil: Man beobachtet heute ein viel größeres Unglücklichsein der Menschen als in entbehrungsreichen Zeiten.

Reinhard Abeln

Ein buntes Potpourri lauter Glücksdeutungen

Es gibt Hunderte, Tausende von Glücksempfindungen. Wahrscheinlich so viele wie Menschen: sieben Milliarden plus! Jeder Mensch empfindet Glücksgefühle anders; jeder auf sein Leben zugeschnitten; jeder aus seiner ureigenen Lebenserfahrung heraus; natürlich auch anders in jeder Epoche und in jedem Land etwas anders. Im weitesten Sinne geht es bei jeder Glückssuche auf eine Art Zufriedenheit hinaus, die der einzelne Mensch anstrebt; nach der er sich sehnt; die er sucht, meist lebenslang sucht!

Dazwischen liegen Glücksmomente; kleine Häppchen von Glück.

Ein immerwährendes Glücklichsein wird es wohl nirgends geben, vielleicht kurze oder längere Momente, die nach Glück riechen; die innerlich froh machen; die andeuten, was mit unserer Hilfe erreichbar wäre. Mehr nicht.

Aus der Vielfalt solcher Glücksmomente bzw. Tipps, wie diese Annäherungen an unser Glück erstrebt und eventuell sogar auch vorübergehend erreicht werden können, folgen jetzt sehr unterschiedliche Anweisungen:

Es überrascht immer wieder, dass auch sehr arme Menschen glücklich sein können. Woran liegt das? Ihr Wohlbefinden beruht nicht auf Reichtum, sondern auf Dankbarkeit, auf einer optimistischen Lebenseinstellung und auf grundsätzlich positivem Denken. – Was in diesem Zusammenhang oft auffällt: Es sind dies oft Menschen, die ein großes Gottvertrauen haben, also vorwiegend religiös eingestellte.

Auffallend, von sogenannten Glücksforschern der letzten Jahrzehnte immer wieder unterstrichen, ist auch das sogenannte *Glücksgefälle* der einzelnen Länder: Nicht in den reichsten Ländern der Welt leben die meisten glücklichen Menschen, sondern in den Ländern »mit den meisten Gottgläubigen«. Das reiche Deutschland ist im so genannten »World-Happines-Report« keineswegs auf den vordersten Plätzen, sondern auf Nummer 26, hinter so armen Ländern wie Costa Rica und Mexiko!

Zum Glücksein gehört in erster Linie Zufriedenheit sowie ein allgemeines Glücksempfinden, gekoppelt an das Empfinden großer Dankbarkeit. Hinzu kommt, gerade auch in den sogenannten »reichen Ländern des Westens«, dass die Erinnerung an besonders gute Erlebnisse, Abenteuer und Reisen viel zur Zufriedenheit und zum Wohlbefinden des Einzelnen beitragen kann.

Die Autorin Alexandra Reinwarth behauptet sogar: »Wer zufrieden sein will, muss sich auf die Reise in die eigene Mitte machen. Das Glück ist nämlich gut verborgen – in uns selbst!« Das hieße, über die *innere Ruhe*, über Gelassenheit und Zufriedenheit *die* Glücksmomente zu heben, die ohnehin schon in uns schlummern. Denn auch hier gilt das alte Sprichwort: *Jeder ist seines Glückes Schmied.*

Niemand solle sich einreden, er habe ein Anrecht auf Glück! Das gibt es niemals und nirgends. Einem zustehendes dauerhaftes Glück ist eine Selbsttäuschung. Wohl heißt es im Volksmund, Glück sei ansteckend. Stimmt, vielleicht im Sinne des französischen Philosophen Voltaire: »Da es sehr förderlich für die Gesundheit ist, habe ich beschlossen, glücklich zu sein.«

Gewiss, das Glück lädt uns immer wieder ein, aber im Getriebe und im Lärm der Welt überhören wir es oft; oder wir sind anderweitig beschäftigt – oder die Glückssuche ist uns einfach zu mühsam geworden!

Aus neueren Forschungen und Umfragen wissen wir: Glück wird überwiegend davon beeinflusst, was wir denken, uns wünschen und tun. Glücklichsein ist immer auch ein Stück Dankbar- und Zufrieden-sein-*Wollen*! Ein Sich-mit-dem-einverstanden-Er-klären, was wir ohnehin nicht ändern können!

»Jeder ist seines Glückes Schmied; aber wohl dem, dessen Eltern einen Amboss haben!« – So las ich in der FAZ (21. Febr. 2016) und daneben in dicken, großen Lettern: GLÜCK IST ERBLICH.

Was wollte man damit sagen? Moderne Glücks-forscher behaupten: Eltern sind mitverantwortlich für das Glücksgefühl ihrer Kinder; sie vermitteln schon rein erblich gewisse soziale Werte! Zum Bei-spiel: Gefühle der Gemeinschaft, der Freundschaft, des Wertes der Arbeit, der Fröhlichkeit, der guten Laune usw.

Auf mich bezogen, stimmt obige Aussage fast wörtlich: Bei uns zu Hause stand ein Amboss in der alten Schmiede! Dort lagerten neben einem Am-boss noch Hämmer und Zangen aus Großvaters Zeiten. Alle meine Vorfahren, väterlicherseits und mehrere Jahrhunderte lang, waren Huf- und Wa-genschmiede! – Unsere Mama hingegen stammte aus einem großen Bauernhof; von Haus aus war sie eine Frohnatur; ihre optimistische Welteinstellung habe ich von ihr geerbt und auch eine gute Portion ihres unverwüstlichen Gottvertrauens!

Der Zeitungsartikel (FAZ) schloss mit dem Satz: »Unter dem Strich bleibt, dass Glück zumindest teilweise erblich ist – was aber nicht heißt, dass man es nicht selbst schmieden kann. Herkunft ist kein unabwendbares Schicksal.«

Erschreiben Sie sich Ihr Glück! So lautet eine Empfehlung für Glückssuchende. Schreiben Sie Tagebuch. Oder kurze Erlebnisse aus Ihrem Alltag und Sie werden staunen, wie schnell Sie daran Freude finden – und wie manch glücklicher Moment Ihnen jetzt erst so recht zum Bewusstsein kommt!

Erinnern Sie sich schriftlich Ihrer Kindheit, indem Sie alles notieren, was Ihnen gerade einfällt und worüber Sie sich freuen; was Ihnen auch im Rückblick Spaß macht.

Es wird von Psychologen und anderen Fachleuten behauptet: Optimisten leben länger – und glücklicher. Innere Heiterkeit, echte Zufriedenheit und eine halbwegs gute Gesundheit stecken einander an; beeinflussen sich gegenseitig zum Guten hin.

Menschen, die voller Hoffnung und Abenteuerlust in die Zukunft blicken, sind überall gern gesehen; sie kommen schneller als *ewige Nörgler und Schwarzseher* zu Freunden; sie genießen das Schöne, das Wohlriechende, das Gutschmeckende. Sie freuen sich, wenn es ihrer Familie gut geht; sie mögen das Aroma von frischem Brot, freuen sich über den Duft einer Rose, aber auch über frisch gemähtes Gras oder ein neu gepflügtes Feld.

Wer mit offenen Augen und Ohren eine blühende Landschaft durchwandert, sieht mehr, riecht mehr und hört mehr als ein finster dreinschauender Griesgram. Er lobt Gottes Größe und Kreativität und dankt denen, die mithelfen, die Schöpfung zu bewahren. Auch darüber kommt Glück auf und Zufriedenheit.

Adalbert Ludwig Balling

»Das Leben ist herrlich!«

Zu einem alten Rabbi kam ein Mann und klagte:
»Rabbi, mein Leben ist nicht mehr erträglich. Wir
wohnen zu sechst in einem einzigen Raum. Was soll
ich nur machen?«

Der Rabbi antwortete: »Nimm deinen Ziegenbock mit ins Zimmer.«

Der Mann glaubte nicht recht gehört zu haben.
»Den Ziegenbock mit ins Zimmer?«

»Tu, was ich dir gesagt habe«, entgegnete der
Rabbi, »und komm nach einer Woche wieder«.

Nach einer Woche kam der Mann wieder, total
am Ende. »Wir können es nicht mehr aushalten, der
Bock stinkt fürchterlich!«

Der Rabbi sagte zu ihm: »Geh nach Hause und
stell den Bock wieder in den Stall! Dann komm nach
einer Woche wieder!«

Die Woche verging. Als der Mann zurückkam,
strahlte er glücklich über das ganze Gesicht: »Das
Leben ist herrlich, Rabbi. Wir genießen jede Minute. Kein Ziegenbock – nur wir sechs!«

Rabbinische Geschichte

Schenk dir das kleine Glück

Schenk dir doch das kleine Glück –
die ersten Sonnenstrahlen im Frühling,
den glitzernden Regentropfen
an der Fensterscheibe,
den strahlenden Sternenhimmel
am nächtlichen Firmament.

Schenk dir doch das kleine Glück –
den Klang der Glocken,
das Brausen der Orgel,
das Lachen der Kinder,
die freundlichen Worte
guter Menschen.

Schenk dir doch das kleine Glück –
den Ruf des Kuckucks im Walde,
das muntere Springen der Hasen,
das Glucksen des Bergbaches,
die Freude der Bienen

nach einem erfrischenden Sommerregen,
die Stille der mondhellen Nacht.

Schenk dir doch das kleine Glück –
strahle, funkle, leuchte!

Wende dein Gesicht der Sonne zu –
wirf die Schatten hinter dich!

Adalbert Ludwig Balling

Ein Leben lang glücklich?

Eine alte Weisheit aus dem Reich
der Mitte lautet – sinngemäß:
Willst du für Stunden glücklich sein,
trinke Wein.
Willst du für Wochen glücklich sein,
schlachte ein Schwein.
Willst du für Jahre glücklich sein,
heirate gut.
Willst du ein Leben lang glücklich sein,
werde ein Gärtner!

Höchstes, tiefstes, anhaltendes Glück als Gärtner?
Was meinen die Chinesen damit?
Was verbinden sie mit diesem Beruf?
Wahrscheinlich meinen sie:
frische Luft,
selbstständiges Arbeiten,
Freude an der Natur,
viel Bewegung …
Vielleicht hätten sie auch sagen können:
Willst du glücklich sein im Leben,
ein ganzes Leben lang,
dann tue das,
was du zu tun hast,
mit ganzem Herzen!
Tue es, als wäre es die Aufgabe
deines Lebens!

Ein Heiliger sagte es im letzten
Jahrhundert auf seine Weise:
»Gutes tun, fröhlich sein
und die Spatzen pfeifen lassen!«
Adalbert Ludwig Balling

Glücklich ist einer ...

der seine Haare selber wäscht,
obwohl andere ihm
ständig weismachen wollen,
sie verstünden sich besser darauf,
ihm den Kopf zu waschen

der sich darüber freut,
wenn dem Kater
ein Mäuschen entwischt

der auch an mausgrauen Nebeltagen
an den wiederkehrenden
Sonnenschein glaubt

der sich im Alter nicht schämt,
mit der elektrischen Eisenbahn
des Enkels zu spielen –
und wenn er dabei
ertappt wird, zugibt,
Freude und Spaß daran zu haben

der die Kritik seiner Mitmenschen
nicht zum Barometer
seiner Laune macht

der dem Kuckuck nicht gram ist,
weil er ihn frühmorgens
aus dem Schlaf weckt

der sich nicht schämt,
gelegentlich für einen Träumer
gehalten zu werden.
Träumer sind noch allemal
Kriegern vorzuziehen

Adalbert Ludwig Balling

~

Ich habe wirklich vor,
ständig an der Ermöglichung
von etwas Gutem, Richtigem,
Schönem zu arbeiten –
an diesen winzigen Anstiftungen
zum Glück.

Gabriele Wohmann

Zum Nachdenken

Das Glück kommt zu denen,
die es erwarten.
Nur müssen sie die Tür
auch offenhalten.

Thomas Mann

~

Glück ist ein Duft,
den niemand verströmen kann,
ohne selbst eine Brise
abzubekommen.

Ralph Waldo Emerson

~

Ein Augenblick des Glücks
wiegt Jahrtausende
des Nachruhms auf.

Friedrich der Große

~

Das ist das Herrliche an der Freude:

dass sie – wie das Glück –

unverdient kommt

und niemals käuflich ist.

Hermann Hesse

Kapitel III

Glücklich, wer zufrieden ist

Tröste dich

Ob es in der menschlichen Natur liegt, dass wir immer mehr haben wollen, als wir verkraften? Dass wir immer nach dem gieren, was andere uns voraushaben? Dass wir selten mit dem zufrieden sind, was uns beschert wird?

Kurt Tucholsky hat es meisterhaft formuliert:

»Hast du Geld, dann hast du nicht Käthen;
hast du die Frau, dann fehln die Moneten.
Hast du die Geisha, dann stört dich der Fächer.
Etwas ist immer. Tröste dich.
Jedes Glück hat einen kleinen Stich.
Wir möchten so viel: Haben. Sein. Und Gelten.
Dass einer alles hat: das ist selten!«

Wir möchten alles und alles auf einmal: Haben. Sein. Gelten! Und weil dem selten so ist, werden wir eifersüchtig. Gönnen wir es nicht den anderen, wenn sie mehr Glück haben.

Statt zu hamstern und zu gieren, sollten wir für das danken, was uns mitunter so selbstverständlich vorkommt: Dass wir täglich satt werden. Dass wir ein Dach über dem Kopf haben. Dass wir jährlich

Urlaub machen können. Dass wir medizinisch gut versorgt werden. Dass wir sozial abgesichert sind. Dass wir in einem Lande leben, wo wir frei unsere Meinung sagen dürfen…

So selbstverständlich ist das nicht. »Dass einer alles hat, ist selten!«

Adalbert Ludwig Balling

Ich wünsche dir…

… Augen der Zufriedenheit, die die Herrlichkeit der Schöpfung sehen und erkennen, da vieles für unsere Augen verborgen bleibt, was unsere Zufriedenheit fördert.

… Lippen der Zufriedenheit, die nie verletzen und das letzte Wort gesprochen haben, sondern die trösten, bewundern, aufrichten und liebkosen, Worte eben, die Zufriedenheit unter die Menschen streuen.

… Ohren der Zufriedenheit für die feine Stimme des Gewissens und die oft ungesagten Worte deiner Nächsten, damit sie hören, wo Unzufriedenheit Angst macht.

… Hände der Zufriedenheit, die gerne und ohne Absicht geben, dankbar annehmen, beten, Geborgenheit und Zärtlichkeit und Zufriedenheit schenken.

… Füße der Zufriedenheit, die nie treten und zerstören, sondern den Weg zum anderen finden und dafür sorgen, dass zufriedene Menschen um uns sind.

… einen Geist der Zufriedenheit, der weit offen ist, der andere nicht unterdrückt, sondern der in Ansätzen Gottes Größe und Liebe erfährt, weil er unsere Bescheidenheit und Zufriedenheit stärkt.

… ein Herz der Zufriedenheit, welches lieben, vertrauen und an einen Gott glauben kann, an einen Gott, der für uns Menschen Ziel aller Zufriedenheit ist.

Reinhard Abeln

(nach einem irischen Segenswunsch)

Tipps einer 90-Jährigen

Ehe ich Frau Regina zum Gespräch einlud, zeigte ich ihr eine aktuelle Karikatur in der Tageszeitung: Ein älteres Ehepaar saß auf einem Kanapee; er guckte die Sportschau im Fernseher, sie las in einer Zeitschrift. Zwischen beiden befand sich ein Wandschirm. Darüber in Sprechblasen: *Hast du was gesagt?* – Seine Antwort: *Nein, das war letzte Woche!*

Frau Regina schmunzelte. Sie kenne solche Situationen; ihr Mann, ein eingefleischter Pessimist –

Gott habe ihn selig! – habe mitunter vier Wochen lang kein Wort gesprochen. Und doch hätten sie Goldene Hochzeit gefeiert! Ihr Mann war damals schon schwer krank; sie pflegte ihn viele Jahre. Bis zu seinem Tod. Seitdem seien zwölf Jahre vergangen. – Inzwischen ist sie 90 geworden und immer noch Optimistin!

Als ich ihr sagte, ich sei gerade dabei, etwas für *Diamantene Ehejubilare* zu schreiben, und sie bat, mir ein paar gute Ratschläge zu geben, sprudelte es nur so aus ihr heraus. Ich will versuchen, ihre wichtigsten Tipps zu notieren – vor allem für jene, deren rundes Ehejubiläum noch bevorsteht oder die es soeben gefeiert haben.

Als Erstes, so Frau Regina, würde sie den Jubilaren sagen: Seid dankbar für das Leben zu zweit. Seid dankbar für die Jahrzehnte, die euch gemeinsam zuteilwurden. Seid dankbar für eure Gesundheit – trotz altersentsprechender kleinerer Wehwehchen! Freut euch, in Frieden leben zu dürfen. Wisst ihr überhaupt, wie glücklich ihr seid? So viel Harmonie während so vieler gemeinsamer Jahre erleben zu dürfen!? Glaubt es mir, jeder zusätzliche Tag zu zweit ist ein Gottesgeschenk!

Nach einer längeren Pause fuhr die 90-Jährige fort: Es war rührend zu sehen, wie viel Rücksicht alle nahmen, als wir, mein Mann und ich, das Goldene feierten. Gewiss, es war kein Highlight, er lag ja im Krankenbett. Aber wir erfuhren viel Zuneigung, viel Freude und viel Dankbarkeit – von allen Seiten, nicht nur von unseren Kindern und Enkeln. Auch vonseiten unserer Nachbarn und Freunde...

Als ich sie erneut fragte, wie es denn gewesen sei zwischen ihrem Mann, dem Pessimisten, und ihr, der Optimistin, wenn er anhaltend schwieg und schmollte – da meinte sie mit Tränen in den Augen: Es war nicht leicht. Er hat unseren Hochzeitstag fast immer vergessen, und wenn er mir doch einmal Blumen mitbrachte, dann verwahrte er sie in der ledernen Aktentasche, wo ich sie erst am nächsten Morgen entdeckte, wenn ich seine leere Butterbrotdose mit frischen Stullen auffüllte. Und da freute ich mich im Nachhinein umso mehr... Also, wer mit einem chronischen Schweiger oder Schmoller verheiratet ist, braucht viel Geduld, viel Nachsicht und unendlich viel und nie endendes Einfühlungsvermögen. (Pause)

Anhaltendes Schmunzeln, ehe sie weitersprach: Wenn dann, nach Wochen des Schweigens, die *Schallmauer* durchbrochen wurde – den Anfang musste ich machen –, dann war auch er überglücklich, freute sich wie ein Schellenkönig und strich mir schon mal sehr sanft über den Rücken. Diesen seinen mutigen Vorstoß belohnte ich mit einem besonders leckeren Abendessen – oder auch mit einem Gläschen Sekt... – Wissen Sie, das Schlimmste bei einem echten Pessimisten ist die Angst, seine Gefühle könnten vorzeitig entdeckt werden!

Eine letzte Frage stellte ich an Frau Regina: Was müsse man lernen, um auch über die Goldene und Diamantene Hochzeit hinaus gerne miteinander noch älter werden zu wollen? Ihre leicht zögernden Antworten: Geduld haben mit sich und dem Partner; auch Rom wurde nicht an einem Tag erbaut; Geduld bringt Rosen zum Blühen!

Etwas später fügte sie leise lächelnd hinzu: Am besten ergeht es denen, die schon sehr früh gelernt haben, mit ihren Schwiegermüttern gut auszukommen! Und – ja, auch das ist eine große Hilfe: Wenn man den gleichen Glauben hat, gelegentlich gemeinsam betet – und auch im hohen Alter willens ist, jeden Tag neu Ja zueinander zu sagen...

Zum Abschied erwähnte ich, jemand habe die Ehe mit dem Wein verglichen. Guter Wein brauche Zeit. Guter Wein reife mit den Jahren. – So sei es auch mit uns Menschen: Wir sollten sein wie der Wein – nicht unbedingt älter werden wollen, sondern reifer.

Adalbert Ludwig Balling

Der größte Reichtum

Es bedarf geringer Dinge,
um einen Weisen
glücklich zu machen,
den Toren dagegen
stellt nichts zufrieden.
Daher sind so viele
Menschen unglücklich.

François La Rochefoucauld

~

Zufriedenheit mit seiner
Lage ist der größte
und sicherste Reichtum.

Cicero

~

Seelenruhe, Heiterkeit
und Zufriedenheit
sind die Grundlagen alles Glücks,
aller Gesundheit
und des langen Lebens.

Christoph Wilhelm Hufeland

Ein größeres Glück wäre ...

Zu einem griechischen Philosophen der Antike sagte einmal ein Freund, es sei doch ein großes Glück, etwas zu besitzen, was man sich schon immer sehnlichst gewünscht habe.

Der Philosoph war mit dieser Deutung nicht ganz einverstanden. Er erwiderte:

Ein noch viel größeres Glück, meine ich, wäre es, sich erst gar nicht zu wünschen, was man nicht hat und was man wahrscheinlich niemals bekommen wird. Zufriedenheit ist der Anfang vom Glück. Menschen, die auch mit dem Wenigen, das sie haben, zufrieden sind, haben die bessere Chance, glücklich zu werden bzw. glücklich zu bleiben. Glück ist Freisein bzw. Freiwerden von allzu großem Wunschdenken ...

Adalbert Ludwig Balling

»Sie sind wirklich zufrieden?«

Einst kam ein reicher Landbesitzer an einem schönen Gut vorbei und traute seinen Augen nicht. Hier war eine Tafel angebracht, auf der schwarz auf weiß zu lesen war: »Ich will dieses Gut demjenigen schenken, der wirklich zufrieden ist!«

Es brauchte eine ganze Weile, bis sich der Landbesitzer von seiner Überraschung erholt hatte. Dann überlegte er bei sich: »Ich kann mit Recht sagen, dass ich zufrieden bin. Ich habe alles, was ich brauche. Also werde ich mich um dieses Gut bewerben.«

Er pochte an die Tür des Hauses und ein älterer Herr, der wie ein Philosoph aussah, tat ihm auf. »Und Sie sind wirklich zufrieden?«, fragte der Gutsbesitzer, nachdem der Besucher seinen Wunsch vorgebracht hatte.

»Das bin ich in der Tat. Es gibt nichts, was ich mir noch wünschen könnte!«

»In diesem Fall, mein Freund«, antwortete der Besitzer des Gutes, »muss ich sagen, dass ich mich wundere. Wozu wollen Sie dann mein Gut haben, wenn Sie schon zufrieden sind?«

Überliefert

Der weise und glückliche Schäfer

Es war einmal ein griechischer Schäfer, den alle Touristen liebten. Er lachte gerne, erzählte lustige Episoden und freute sich offensichtlich seines Lebens.

Den Schafen ging es gut, die Hunde folgten ihm aufs Wort und die Touristen, die erstmals auf die Insel gekommen waren, fragten ihn gerne nach den Wetteraussichten. Schäfer in aller Welt sind bekannt als gute Wetterbeobachter.

Als es tagelang regnete, wurden viele Touristen unruhig. Schließlich wandten sie sich an den alten Schäfer vor Ort: Der gab ihnen auf die Frage, wie lange das noch so weiterregne, die Antwort: Er freue sich, weil es regne.

Als es nach einer weiteren Woche immer noch schüttete, fragten sie den Schäfer wieder; der antwortete gelassen und guter Miene, er freue sich, weil es regne.

Da fingen einige Touristen an, ihn für einen leicht einfältigen Mann zu halten. Nach einer weiteren Woche fragte ihn ein sich selber sehr mutig und clever vorkommender Tourist: Sag mal, guter Schäfer, denkst du noch normal? Nach vier Wochen Dauerregen freust du dich immer noch, weil es regnet?

Der Schäfer lüftete seinen alten Schlapphut, kratzte sich lange hinter den Ohren, schmunzelte liebevoll und sagte dann: *Junger Mann, schau, die Sache sieht doch so aus: Egal, ob ich mich über den Regen freue oder nicht, es regnet, ob es mir gefällt oder nicht! Also ist es besser, ich freue mich! Meinst du nicht auch?*

Adalbert Ludwig Balling

Das glückliche lustige Paar

Genauso ist es passiert. In Wien. Doch diese kleine Geschichte, die ich immer wieder gern erzähle, klingt so lustig, dass die meisten meiner Zuhörer sie für erfunden halten. Aber dem ist nicht so. Schließlich war sie in mehreren österreichischen Zeitungen zu lesen.

Folgendes geschah: Ein älteres Pärchen wurde von einem Verkehrspolizisten wegen zu schnellen Fahrens gestoppt. Der Beamte wollte den Führerschein sehen: »Welchen?«, fragte die Dame, »seinen oder meinen?«

Beide kicherten, während der völlig überraschte Polizist schnaubte: Natürlich wolle er den Führerschein dessen, der gefahren sei!

Beide, kein bisschen eingeschüchtert, lachten amüsiert: Sie seien beide gefahren, mal er, mal sie!

Jetzt erkannte der Gesetzeshüter die tatsächliche Lage: Da waren doch in der Tat zwei Gaspedale, zwei Kupplungen und zwei Bremsen im Wagen! »Warum zwei?«, knurrte er, nun nicht mehr ganz so ernst wie anfangs.

Die Dame ergriff erneut das Wort: »Herr Wachtmeister, das ist so: Damit jeder von uns mal Gas geben und mal bremsen kann.« – Ihr Lachen steckte an: »Wissen Sie, das ist wie in der Ehe; da muss auch jeder in der Lage sein, mal Gas zu geben – oder, wenn nötig, mal zu bremsen.«

»Na gut«, schmunzelte der Polizist, »das leuchtet ein« – und er ließ das fröhliche Paar ungeschoren weiterfahren … Sie sollten sich bloß nicht noch einmal erwischen lassen …

Adalbert Ludwig Balling

Die Wunderpillen

Ein Arzt machte seine gewohnten Besuche bei seinen Patienten im Altenheim. Auch dieses Mal fiel ihm wieder, wie schon so oft, ein 96-jähriger Mann auf, der stets zufrieden und fröhlich war.

Heute sprach er ihn an und fragte nach dem Geheimnis seiner Freude. Strahlend antwortete der Alte: »Herr Doktor, ich nehme jeden Tag zwei Pillen ein!«

Daraufhin meinte der Arzt: »Zwei Pillen nehmen Sie täglich? Die habe ich Ihnen doch gar nicht verordnet.«

Verschmitzt lachte der Alte. »Das können Sie auch gar nicht, Herr Doktor. Am Morgen, wenn ich aufstehe, nehme ich gleich die Pille der Zufriedenheit und am Abend, bevor ich einschlafe, nehme ich die Pille der Dankbarkeit. Diese beiden Pillen haben bisher ihre Wirkung noch nie verfehlt.«

»Das will ich Ihnen gern glauben«, meinte der Arzt. »Ihr Rezept werde ich weiterempfehlen.«

Überliefert

Glücklich ist einer ...

der das Gras zwar nicht wachsen hört,

aber sich trotzdem darüber freut,

denn er weiß:

Alles Große gedeiht in der Stille

der davon überzeugt ist,
dass einer der Gründe ist,
warum Gott dem Menschen
zwei Augen gegeben hat:
damit er manchmal eines zudrücken kann

der sich einen fliegenden
Teppich wünscht,
um gelegentlich ins Reich
der Märchen abzutauchen.
Er weiß: Kein Mensch kann ganz
ohne Illusionen leben

der sich seine gute Laune
durch keine noch so schlechte
Großwetterlage verderben lässt

der daran glaubt,
dass es nie im Leben zu spät ist,
neu zu beginnen

Adalbert Ludwig Balling

Philemon und Baucis

Wenn ihr auf einer Anhöhe zwei einsam stehende Bäume seht, die einander umarmen, so stört sie nicht in ihrem Glück. Vielleicht wachsen sie dort durch den Willen eines Gottes, so wie die Linde und die Eiche auf einem Hügel in Phrygien.

Einst besuchte der Göttervater Zeus dieses Land. Er wanderte in menschlicher Gestalt durch die Welt und sein Sohn Hermes begleitete ihn. Eines Tages erreichten sie, von den Strapazen des Weges staubig und erschöpft, eine reiche Ortschaft. Aber vergebens fragten sie nach einem Nachtlager, überall fanden sie verschlossene Türen.

Nur in einem Häuschen am Rand der Gemeinde wurden sie freundlich empfangen. Es war zwar klein und nur mit Stroh gedeckt, aber die Gastfreundlichkeit seiner Bewohner machte die Armut wett. In diesem Häuschen lebten lange Jahre in Liebe und Eintracht der alte Philemon und seine Frau Baucis. Sie waren so arm wie ihre Wohnstatt, sie waren Herr und Diener zugleich.

Als die Wanderer die niedrige Hütte betraten, bat sie Philemon, Platz zu nehmen, und Baucis tischte auf. Sie schürte im Kamin das fast erloschene Feuer, stellte einen Kessel mit Wasser auf, kochte ein Stück

Geräuchertes und reichte den Gästen Salat und Radieschen dazu, sowie Käse und Eier.

Philemon brachte einen guten Tropfen herbei. Und als Nachspeise erhielten die Gäste eine Honigwabe, Feigen und Datteln. Das war alles, was die Alten geben konnten, und es war reichlich, denn es kam von Herzen.

Die Alten wussten nicht, wer ihre Gäste waren, aber bald erkannten sie es. Wenn Philemon nachgießen wollte, füllte sich der Krug durch den Willen der Götter immer aufs Neue mit Wein.

Philemon und Baucis erkannten, dass sie von Göttern besucht wurden. Sie rangen die Hände und baten demütig, ihnen das bescheidene Essen zu verzeihen.

Um ihre Schuld zu tilgen, liefen sie in den Hof hinaus und begannen ihre einzige Gans zu jagen. Aber die beiden hatten einen schwachen Atem und die Gans hatte schnelle Flügel. Sie entkam und begab sich unter den Schutz der Gäste, die sie verschonten.

»Wir sind Götter«, sprachen sie zu den Alten, »und für eure ungastlichen Nachbarn wird die Strafe nicht ausbleiben. Verlasst eure Hütte und geht mit uns auf jene Anhöhe!«

Philemon und Baucis eilten, sich auf ihre Stöcke stützend, den Göttern hinterdrein. Als sie am Fuß der Anhöhe zurückschauten, sahen sie die Ortschaft im Wasser versinken. Nur ihre Hütte hatte keinen Schaden genommen. Vor ihren Augen verwandelte sie sich in einen Tempel.

Der Göttervater wandte sich an die beiden Alten und sprach freundlich zu ihnen: »Eure Güte soll belohnt werden. Sagt euren Wunsch; er wird in Erfüllung gehen.«

Philemon und Baucis berieten sich ein Weilchen, dann sagten sie: »Wir möchten die Wächter des Tempels werden. Und wenn unsere Zeit abgelaufen ist, möchten wir zusammen sterben, so wie wir bis jetzt gemeinsam gelebt haben.«

Die Götter erfüllten ihnen die Bitte. Solange sie lebten, waren sie die Wächter des Tempels. Und als ihre Stunde kam, sah Philemon plötzlich, wie sich Baucis in grüne Blätter einhüllte. Und Baucis erblickte Philemon von grünen Blättern umgeben. »Leb wohl, liebe Frau!« – »Leb wohl, lieber Mann!«, sprachen sie leise, bevor ihre Stimmen in den Baumkronen verstummten.

Seitdem stehen auf dieser Anhöhe eng beieinander eine Eiche und eine Linde.

Märchen der griechischen Antike

Alles zu seiner Zeit

Ein weiser alter Mann traf auf seinem Weg ein junges Mädchen. Er freute sich an der anmutigen Erscheinung und an ihrer Schönheit. Weil er voll Ehrfurcht war vor dem Leben, auch vor der Jugend, verbeugte er sich tief vor dem Mädchen. Er sagte: »Du bist ein hübsches Mädchen. Sage mir doch, wie alt du bist!«

Wie es fernöstliche Art ist, verbeugte sich auch das Mädchen vor dem Alten. Errötend vor Freude, sagte es: »Ihr seid in einem ehrwürdigen Alter, aber ich bin erst sechzehn Jahre alt!« Und der alte Mann sagte: »Du bist wirklich sehr schön. Vor dir liegen noch viele Jahre voll Freude und Lebensreichtum. Sei nur nicht traurig, wenn die Jahre der Jugend schnell vergehen und mit ihnen deine jetzige Schönheit. Wenn du gütig bist, wird deine Schönheit nie weichen. Sie wird sich wandeln zur Reife und Würde des Alters!«

Das Mädchen verstand. Noch tiefer als zuvor verbeugte es sich vor der Weisheit des Mannes, bevor sie sich trennten.

Auf seinem Weg begegnete dem Alten eine junge Frau, die ein Kind an der Hand führte. Er schaute sie freundlich an. Auch vor ihr verbeugte er sich tief. Er sagte: »Du bist eine glückliche Frau, so schön wie der heutige Tag. Die Sonne scheint auf dein freundliches Gesicht. Ja, du stehst im Licht der Blüte deiner Jahre. Sei nicht traurig, wenn die Zeit schnell vergeht und die Jahre deines Lebens sich neigen. Du wirst an das Ziel deines Weges kommen: Jeden Tag musst du dankbar annehmen. Wenn du wirklich lebendig bist, wirst du zur Weisheit des Alters gelangen. Deine Kinder und Enkelkinder werden dir mit Ehrfurcht begegnen und von deiner Weisheit lernen!« Die junge Frau hatte ihm dankbar zugehört. Beide verbeugten sich und gingen ihrer Wege.

Der weise Alte traf auf eine andere Frau mit weißem Haar. Vom Alter gebeugt, saß sie auf einer Bank am Weg. Die untergehende Sonne ließ die vielen Falten ihres Gesichtes scharf hervortreten. Der weise alte Mann trat zu ihr und verbeugte sich diesmal besonders tief vor der Greisin.

»Ihr seid ein glücklicher Mensch«, sagte er, »weil Ihr am Ziel des Lebens seid. Was Ihr in achtzig Jahren erlebt und erfahren habt, tragt Ihr in Euch. Von Reife und Würde, von Güte und Geduld; von Ruhe und Gelassenheit spricht Euer Antlitz zu mir. Ihr habt viel erlebt und gemeistert. Wie Zeichen des Himmels sind darum die kleinen Taten, die Ihr noch tun könnt, und in den wenigen Worten, die Ihr noch sagt, schwingt himmlische Weisheit!«

Lächelnd sah die Alte den Alten an. Sie deutete auf den Platz neben sich und der Alte setzte sich zu ihr. Beide waren am Ziel ihres Weges. Gemeinsam schauten sie in die sinkende Sonne, die den Himmel in rotgoldenes Licht tauchte.

Legende aus China

Zufrieden sein ist große Kunst,
zufrieden scheinen bloßer Dunst,
zufrieden werden großes Glück,
zufrieden bleiben Meisterstück.

Spruchweisheit

Glücklich ist einer ...

der nicht Trübsal bläst,
wenn er entdeckt,
dass der Tag nur 24 Stunden,
die Woche nur sieben Tage,
das Jahr nur 52 Wochen
und ein Menschenleben,
wenn's hoch kommt,
nur 70 oder 80 Jahre zählt

der auf einer grünen Wiese
im hohen Gras liegt,
mit den Beinen
in die Luft strampelt,
die Blumen riecht,
den Wind durchs Haar
streichen lässt,
die Wolken vorbeiziehen sieht
und in die Ferne träumt

der keine Pillen schlucken,
keinen Kamillentee schlürfen,
keine Diät essen
und kein Kopfweh vertreiben muss

der von Zeit zu Zeit
trockenes Brot isst,
weil er die Erinnerung
an schlimme Zeiten,
als es keinen Aufstrich, keine Wurst
und kein Fleisch gab,
in sich nicht ersticken
lassen möchte

der viel Schönes träumt –
und doch nicht unwillig wird,
wenn es nicht eintrifft

Adalbert Ludwig Balling

Zum Nachdenken

Ein glücklicher Mensch
ist zu zufrieden mit der Gegenwart,
um sich viele Gedanken
über die Zukunft zu machen.

Albert Einstein

~

Der Mensch
ist mit nichts zufrieden,
ausgenommen mit seinem Verstande:
Je weniger er hat,
desto zufriedener.

August von Kotzebue

~

Wer nicht mit dem zufrieden ist,

was er hat,

der wäre auch nicht

mit dem zufrieden,

was er haben möchte.

Berthold Auerbach

~

Ich halte denjenigen

für einen wahren reichen Mann,

der von dem lebt, was er hat,

niemandem etwas schuldet

und zufrieden ist.

Edgar Watson Howe

Kapitel IV

Glück – das schönste Geschenk

Zum Nachdenken

Das Glück verliert
an Glanz, wenn es
nicht mehr als Gnade,
sondern als Anspruch
verstanden wird,
den wir einzutreiben haben.

Eugen Gürster

~

Glück ist eine Art von Gnade,
die uns in jedem beliebigen Augenblick
geboren werden kann,
die aber in einem schallenden Lachen
nur selten ihren Ausdruck
findet.

Marie Luise Kaschnitz

Warum sind die Menschen nicht glücklich?

»Was man an sich reißt, kann man nicht als Geschenk erhalten.« So sagt ein weises Wort. Übersehen wir das manchmal, nur weil ungestümes Verlangen, weil Gier uns beherrscht? Heute heißt es sehr häufig: »Greif zu! – Nimm es! – Was man hat, das hat man!« Rücksicht, Zuwarten, Schüchternheit – das sind keine Erfolgsrezepte mehr. Stimmen wir damit überein?

Eine Legende aus China erzählt Folgendes: Sie standen am Spielplatz, wo die Knaben sich tummelten, als Hsi Huan den Meister Mengtse fragte: »Sag mir doch, wie es kommt, dass alle Menschen glücklich sein wollen und es doch nicht werden? Warum sind die Menschen nicht glücklich?«

Mengtse wies auf die spielenden Knaben: »Ich meine, die da sind glücklich!« – »Wie sollten sie es nicht«, entgegnete Hsi Huan, »es sind Kinder und sie spielen. Wie aber ist es um das Glück der Erwachsenen bestellt?« – »Wie um das Glück der Kinder, genauso«, entgegnete Mengtse.

Indem er das sagte, hatte er aus dem weiten Ärmel seines Gewandes eine Handvoll Kupfermünzen hervorgeholt und warf sie unter die spielenden Kinder. Da verstummte mit einem Mal das fröhliche Lachen und die Knaben stürzten sich auf die Kupfermünzen. Jeder von ihnen wollte möglichst viele an sich bringen. Sie lagen am Boden und rauften um ihren Besitz. Geschrei und Gezeter hatte das fröhliche Lachen abgelöst. Das Triumphgeheul der glücklichen Eroberer und das Weinen der Unterlegenen stieg zum Himmel empor.

»Und nun«, fragte Mengtse, »was hat das Glück der Kinder zerstört?« – »Der Streit«, erwiderte Hsi Huan. – »Und was erzeugte den Streit?« – »Die Gier«, erwiderte Hsi Huan. – »Da hast du die Antwort auf deine Frage: Wie kommt es, dass alle Menschen glücklich sein wollen und es doch nicht werden?«

»Was man an sich reißt, kann man nicht als Geschenk erhalten.« Nur das Geschenk aber macht uns glücklich. Doch gilt heutzutage in den Augen der Öffentlichkeit der Besitzende mehr als der Habenichts. Gott jedoch kennt einen anderen Maßstab: Bei ihm gilt das Sein mehr als das Haben.

»Was man an sich reißt, kann man nicht als Geschenk erhalten.« Gilt das nicht auch in der liebenden Beziehung zweier Menschen? John Henry Newman, der englische Kardinal, sagte einmal: »Auch in der Liebe gibt es einen Abstand der Ehrfurcht. Wird er überschritten, so mögen die beiden wohl noch eine Zeit lang beisammen sein, aber das Band der seelischen Einheit ist zerrissen.«

»Was man an sich reißt, kann man nicht als Geschenk erhalten.« Das gilt auch für unser Verhalten, für unsere Begegnungen untereinander. Das Geschenk – als Ausdruck unserer Liebe zum anderen – braucht einen Raum der Freiheit, braucht einen Abstand, aus dem heraus es gegeben wird. Erpressung, Zwang, Ungeduld ersticken diesen Freiraum und verderben die darin liegende Freude. Stattdessen gedeihen Unbehagen und Widerwillen.

»Was man an sich reißt, kann man nicht als Geschenk erhalten.« Es kommt darauf an, dass ich in Freiheit empfange und in Freiheit gebe, dass ich geliebt werde und selber lieben darf, dass ich nicht auf mein Recht poche und sage: »Das steht mir zu – das will ich!«, sondern dass ich den anderen annehme. Das macht das Geschenk gültig. Geduld gehört dazu – ist sie eine Tugend, die wir verlernt haben?

Reinhard Abeln

Glücklich ist einer ...

der sich über die Weihnachtskarte
seines Chefs freut,
obwohl er weiß,
dass die Sekretärin sie getippt hat

der auf einem Berggipfel steht
und der aufgehenden Sonne zublinzelt

der Schlangen liebt
(obwohl er sich vor ihnen fürchtet),
weil auch sie Geschöpfe Gottes sind

der mit den Möwen seine Gedanken
übers Meer schickt

der den Mond Bruder
und die Sonne Schwester nennt,
obschon beide nur selten
den Großstadtsmog durchdringen

der sich an der Farbenpracht

des herbstlichen Waldes freut

der auch Fanatiker gelten lässt,

obwohl sie ihm schrecklich

auf die Nerven fallen

Adalbert Ludwig Balling

Das glücklichste Fest

Es war einmal ein armer Holzhacker, der lebte glücklich und zufrieden mit seiner Familie in einem kleinen Haus am Rande des Waldes. Obgleich er sich mit Holzfällen nur mühsam sein tägliches Brot verdiente, klang nach Feierabend für gewöhnlich Lachen und Singen aus dem kleinen Haus, sodass die Leute sich verwunderten. Eben dies aber verärgerte den König des Landes, dessen Weg zum Schloss ihn täglich an dem kleinen Haus vorbeiführte.

»Was haben Tagelöhner zu lachen?«, fragte er grimmig und schickte eines Tages seinen Diener mit einer Botschaft zum Holzhacker: »Mein Herr und König befiehlt dir, bis morgen früh fünfzig Säcke

Sägemehl bereitzustellen. Wenn du das nicht vermagst, sollst du samt deiner Familie umkommen.«

»Ich vermag es ganz gewiss nicht«, jammerte der Holzfäller. Seine Frau jedoch tröstete ihn: »Lieber Mann, wir haben es gut gehabt in unserem Leben. Wir hatten Freude aneinander und mit unseren Kindern und versuchten, auch andere daran teilhaben zu lassen. Es ist wahr, wir vermögen die Säcke nicht zu füllen. Deshalb lass uns auch in dieser Nacht ein Fest feiern mit unseren Kindern und Freunden zusammen. Wie wir gelebt haben, so wollen wir auch sterben.«

Und so feierten die armen Leute im kleinen Holzfällerhaus ihr schönstes und glücklichstes Fest. Nach Mitternacht ging von den Gästen einer nach dem andern schlafen. Zuletzt blieben der Holzfäller und seine Frau allein zurück. Traurigkeit überkam sie, als die Morgenröte am Horizont aufstieg.

»Nun ist es aus mit uns«, klagte die Frau. »Lass gut sein«, tröstete sie ihr Mann. »Es ist besser, glücklich und in Frieden zu sterben, als ein Leben in Traurigkeit und Angst zu verbringen.«

Da klopfte es an der Türe. Der Holzfäller öffnete weit, um den erwarteten Diener des Königs einzulassen. Zögernd trat der Hofbeamte näher und sagte nach einer kurzen Stille: »Holzhacker, stell zwölf eichene Bretter bereit für – einen Sarg. Der König ist in dieser Nacht gestorben.« *Armenisches Märchen*

Glück durch Goldfische

Smajo Malkoc aus Bosnien arbeitete über viele Jahre in Österreich. Alle paar Monate besuchte er seine junge Frau und die beiden Söhne. Bei einer Heimfahrt hatte er den Buben ein kleines Aquarium mit Goldfischen mitgebracht.

Als Krieg ausbrach, wurde Malkoc getötet. Seine Frau konnte sich mit den Kindern rechtzeitig in Sicherheit bringen. Doch ehe sie ihr Häuschen verließen, setzten sie die Goldfische in den benachbarten Teich, um ihnen eine Chance zum Überleben zu geben.

Drei Jahre später kehrte die junge Mutter mit ihren Söhnen ins Heimatdorf zurück. Es lag in Trümmern. Ihr Haus war völlig zerstört. Da entdeckten die Buben, dass der Teich nur so wimmelte von Goldfischen; sie hatten sich vermehrt – trotz Krieg und Zerstörung.

Daraufhin begann Frau Malkoc zusammen mit ihren Söhnen einen kleinen Goldfischhandel. Aus dem Erlös konnten sie auch das Haus wiederherrichten und fortan in relativ finanzieller Sicherheit leben. Dank der einst ausgesetzten Goldfische!

Solche Zeitungsmeldungen sind selten. Leider. Dabei wären sie wichtiger als alle sensationellen Berichte der Welt. Denn es sind solche »guten Nachrichten«, die uns ermuntern und Hoffnung machen.

»Solange man Gründe zum Leben hat, ist man jung«, sagte Dom Helder Camara einmal. Er verstehe zwar die Resignation mancher Menschen angesichts einer absurden Welt; angesichts von Krieg oder Erdbeben oder anderen Naturkatastrophen. Aber man dürfe sich doch nicht von Verzweiflung unterkriegen lassen.

Wie wahr! Das Glück kommt zuweilen ungerufen – aber man muss es sehen und mit ihm arbeiten lernen!

Adalbert Ludwig Balling

»Damals war ich am glücklichsten«

Eines Tages traf ich einen steinreichen Mann, der die ganze Welt durchreist und vieles gesehen und erlebt hatte, wovon die meisten von uns kaum einmal träumen können.

Als ich ihn fragte: »Wann haben Sie sich eigentlich am glücklichsten gefühlt in Ihrem Leben?«, da sagte er: »Als ich als Kind eine schwere Krankheit hatte und lange Zeit im Bett liegen musste.«

»Und das war Ihre schönste Zeit?«, fragte ich erstaunt zurück.

»Ja«, antwortete er. »Weil meine Eltern viel arbeiten mussten, pflegte mich damals meine Oma. Ihre Milde und Geduld kann ich nie in meinem Leben vergessen. Sie hatte selbst viel zu tun – aber die ganzen Wochen, wo ich krank war, sah ich auf ihrem Gesicht immer nur die gleiche leuchtende Güte, niemals auch nur den kleinsten Zug von Verdrossenheit oder Gereiztheit. Ja, damals war ich am glücklichsten.«

Reinhard Abeln

»Womit habe ich das eigentlich verdient?«

Da gab es einen Priester, 45 Jahre alt. Er hatte eine schwere Kopfoperation hinter sich und musste mit vierzig Jahren in den Ruhestand gehen. Er konnte nicht mehr denken, sich nicht mehr konzentrieren. Aber nach vier langen Jahren hatte er sich wieder einigermaßen erholt, konnte den Menschen wieder helfen.

Auf die Frage »Wie geht es Ihnen?«, kam die schöne Antwort: »Ich bin nicht nur *zufrieden*, ich bin sogar *glücklich*. Ich kann wieder arbeiten. Jeden Tag frage ich mich: Womit habe ich das eigentlich verdient, dass ich wieder arbeiten kann?«

Glück gehört im Leben zu den »Projekten«, die man nicht »machen« kann, mag einer auch noch so geistreich und erfinderisch sein. Glück ist vor allem ein *Geschenk*. Es lässt sich nicht erzwingen. Man kann nur offen sein dafür. Man muss bereit sein, es zu empfangen.

Auch zwei Kinder aus Zentralafrika gehören zu den vom Glück »Beschenkten«. Sie sind fünf und sieben Jahre alt. Ihre Familien sind durch eine hohe *Mauer* voneinander getrennt. Die Kinder – das eine ein Junge, das andere ein Mädchen – können nicht zusammenkommen. Außerdem sprechen sie ganz verschiedene Dialekte, können sich also nicht verständigen.

Aber die beiden Kleinen haben in der Mauer ein *Loch* entdeckt. Jeden Tag geben sie einander Zeichen, treffen sich und stecken ihre Hände durch die Mauer. Sie sehen sich nicht, aber sie drücken ihre Hände – lang, oft, fest, herzlich. Und dann sagen sie bestimmte Laute. Ihre Liebe zueinander verbindet auch unartikulierte Laute. Dann gehen die Kinder wieder, kommen wieder – und sind *glücklich*!

Reinhard Abeln

Kein Glück ohne Dankbarkeit

Es gibt viele Wege und Möglichkeiten, sich dankbar zu erweisen: dankbar für das Geschenk des Lebens, für die Mitmenschen, für Berge, Flüsse, Wälder und Wiesen, für Blumen, Bäume und Sträucher, für die Tiere, groß und klein.

Dankbar auch für die kleinen »Dinge« des Alltags, die wir für selbstverständlich halten, die es aber keineswegs sind. Dankbar dafür, dass wir ein Dach über dem Kopf haben; dass wir ein Bett, mehrere Paar Schuhe, Kleider und Wäsche unser Eigen nennen dürfen; dass unser Tisch täglich gedeckt ist; dass wir in Fülle über sauberes Trinkwasser verfügen, dass wir eine Familie haben – und Geschwister, Kinder und Kindeskinder; dass wir nicht hungern oder frieren und nicht auf der Flucht oder im Exil leben müssen …

»Menschliches Glück«, so wusste Benjamin Franklin, »wird nicht so sehr durch große Glücksgefühle hervorgerufen, die selten vorkommen, sondern durch kleine positive Geschehnisse, die sich jeden Tag ereignen.« Es gibt aber auch eine Dankbarkeit, die weit über das Alltägliche hinausgeht – die Dankbarkeit gegenüber dem Schöpfer und seinem Werk als Ganzes.

»Ich könnte stundenlang mich nachts in den ge-
stirnten Himmel vertiefen, weil mir diese Unend-
lichkeit fernher flammender Welten wie ein Band
zwischen diesem und dem künftigen Dasein er-
scheint« (Wilhelm von Humboldt).

Dankbare Menschen sind in der Regel auch frohe
Menschen; sie genießen das Leben, weil sie dankbar
sind. Teilhard de Chardin bekennt, er habe den Ein-
druck, »das ganze Weltall zu verraten, wenn ich den
mir von Gott zugewiesenen Platz verlassen würde«.
Das heißt: Wenn er die vom Schöpfer angebotene
Hand nicht ergriffe und nicht in den Lobpreis der
Natur einstimmte – voller Freude und Dankbarkeit.

- Ich wünsche dir die Dankbarkeit
und die Zufriedenheit des Herzens,
denn ohne Dankbarkeit findest du kein Glück.
- Ich wünsche dir, dass du dankbar bist
gegenüber Gott und Menschen, Tieren
und Pflanzen – gegenüber der gesamten
Schöpfung, ihrer Schönheit
und ihren Geheimnissen.
- Ich wünsche dir, dass du dankbar bist
gegenüber den Menschen, die dir nahestehen;
ohne sie stündest du oft allein
und ohne Rückendeckung.

• Ich wünsche dir, dass du am Ende deines Lebens einmal im Rückblick sagen kannst: Es war gut, wie es war – ich bin dankbar.
Adalbert Ludwig Balling

Beschenkt sein

Wer dankt,

weiß sich beschenkt,

wer beschenkt wird,

weiß sich geliebt –

wer sich geliebt weiß,

wie sollte der nicht

glücklich sein?

Ida Friederike Görres

Wünsche für den morgigen Tag

In China trafen sich einmal drei alte Männer, ehemalige Mitschüler. Aus dem einen von ihnen war ein Statthalter des Kaisers geworden, aus dem anderen ein Gelehrter, aus dem dritten ein Gärtner.

Als sie nun so beisammensaßen und sich über ihr Leben unterhielten, kamen sie auch auf die Wünsche zu sprechen, die sie noch an das Leben hatten, und sie stellten fest, dass sie immer nur Wünsche für den folgenden Tag hatten, da sie ja schon alt waren und jeder Tag ihnen wie ein Geschenk vorkam.

»Ich wünsche mir für den morgigen Tag«, sagte der Statthalter, »eine Porzellanschale voll köstlichen Tees und ein stolzes Pferd zum Ausreiten. Mehr Wünsche habe ich nicht.«

»Ich«, sagte der Gelehrte, »wünsche mir für den morgigen Tag eine Schale süßer Trinkschokolade und gute Augen, um ein schönes Buch zu lesen.«

»Und ich«, sagte der Gärtner, »ich wünsche mir für den morgigen Tag, dass die Sonne aufgeht, wie sie es immer getan hat, dass der Quell nicht versiegt, von dem ich morgens trinke, und dass die Vögel in den Bäumen singen, von deren Früchten ich mich ernähre.«

In der Nacht, die diesem Gespräch folgte, gab es ein großes Erdbeben. Als der Statthalter tags darauf seinen Tee trinken wollte, konnte er's nicht, denn die porzellanene Schale dafür war zerbrochen. Und als er mit dem Pferd ausreiten wollte, konnte er's gleichfalls nicht, denn die einstürzenden Mauern hatten sein Pferd erschlagen.

Dem Gelehrten erging es ähnlich wie dem Statthalter. Als er seine Schokolade trinken wollte, fehlte dafür die Schale. Und als er in einem schönen Buche lesen wollte, konnte er's nicht, denn seine Bibliothek war eingestürzt und alle seine Bücher waren verbrannt.

Dem Gärtner aber ging es anders als dem Statthalter und dem Gelehrten. Als er erwachte, ging die Sonne auf, wie er es sich gewünscht hatte. Als er zum Quell ging, um daraus zu trinken, sprudelte der immer noch. Und als er in den Garten ging, der von dem Erdbeben verwüstet war, standen dort immer noch einige Bäume, die Früchte trugen, und in den Bäumen sangen Vögel.

Seitdem sagt ein Sprichwort in China: »Wer sich für den folgenden Tag am wenigsten wünscht, der ist am glücklichsten dran.«

Geschichte aus China

Glücklich ist einer ...

der – ohne melancholisch
zu werden –
den Schwalben zuguckt,
wenn sie sich zum Flug
in den Süden formieren

der sich über lärmende
Kinder nicht ärgert,
der Hunde bellen
und Katzen miauen lässt

der seinem Wellensittich nach
dem Aufstehen seine Träume erzählt,
ohne sich im Geringsten
daran zu stören,
dass der Vogel noch gar nicht
ausgeschlafen hat

der um Rat angegangen wird
und helfen darf

der trotz zerschlissener Hose
und Löchern in den Socken
daran glaubt,
dass es Menschen gibt,
die noch weniger besitzen als er –
und auch nicht unglücklich sind

der gelegentlich das Radio abstellt,
weil er selbst ein Liedchen
trällern möchte

der sich selbst akzeptiert –
samt seinen Schrullen

Adalbert Ludwig Balling

Kapitel V

Glücklich sein – glücklich machen

Die alte lettische Frau

Wie glücklich und zufrieden war eine alte lettische Frau, die sich 1945 deutscher Soldaten annahm, die in sowjetische Kriegsgefangenschaft geraten waren! Sooft es ging, ließ sie ihnen ein Stück Brot zukommen. Dabei wurde sie eines Tages erwischt. Sie wurde vor den sowjetischen Lagerchef zitiert. Der fuhr sie schroff an: »Hast du nicht gelesen, dass es strengstens verboten ist, den Kriegsgefangenen Lebensmittel zu geben?«

Die alte Frau nickte gelassen, ehe sie antwortete: »Herr Lagerkommandant, ich habe nicht irgendwelche Lebensmittel gegeben. Ich habe Brot gereicht!« Das sei ja schließlich einerlei, fauchte der Mächtige zurück. »Sag, hast du gewusst, dass es verboten ist, ja oder nein?«

Die alte Frau überlegte einen Moment, ehe sie antwortete, dabei dem Lagerchef direkt in die Augen blickend: »Ich habe gelesen, dass angeschrieben steht, es sei verboten. Aber man darf nicht verbieten, unglücklichen Menschen zu helfen!« Der Russe, jetzt gefährlich leise, fragte zurück: »Heißt das, dass du ihnen auch weiterhin Brot geben wirst?«

Die alte Frau sah ihm erneut in die Augen: »Genosse Direktor, hören Sie mir bitte mal gut zu! Als die Deutschen hier in Lettland die Herren waren, brachten sie russische Kriegsgefangene hierher zur Arbeit. Die litten große Not und ich habe ihnen Brot gegeben. Dann brachten sie Juden hierher. Die hatten auch großen Hunger und ich habe ihnen Brot gegeben. Jetzt sind die Deutschen die Unglücklichen und leiden Hunger und ich gebe ihnen Brot. Und wenn Sie, Genosse Direktor, eines Tages das Unglück haben sollten, Gefangener zu werden und Hunger zu leiden, dann werde ich auch Ihnen Brot reichen!« Die alte Frau ließ den Lagerchef stehen, drehte sich um und ging. Der Russe unternahm nichts gegen sie ...

Warum war diese alte lettische Frau so glücklich und zufrieden? Weil sie von sich selber weg- und auf andere zuging! Es ist eine alte Erfahrung: Wer andere beschenkt, beschenkt sich selbst am meisten. Oder anders gesagt: Je mehr man schenkt, desto mehr wird man beschenkt.

Nach einer Weihnachtsansprache von Gustav Heinemann

Glücklich ist einer ...

der sich über die Andersartigkeit
seiner Mitmenschen nicht aufregt,
sondern jeden so annimmt,
wie er ist

der Kinder liebt,
auch wenn es ihm versagt blieb,
selbst Kinder zu haben

der Freunde hat,
bei denen er die Schuhe ausziehen
und die Beine auf den Tisch legen –
und wenn ihn dürstet,
ohne zu fragen, eine Flasche Bier
aus dem Kühlschrank holen darf

der es versteht, kritischen Freunden
besonders herzlich zu begegnen

der einen Menschen hat,
dem er seine Dummheiten
anvertrauen kann,
ohne das Gefühl zu haben,
vor dem Kadi zu knien

der sich mit anderen freut,
weil ihnen das große Los zuteilwurde

der denen, die ihm Böses wünschen,
im Notfall sogar seine Zahnbürste leiht

Adalbert Ludwig Balling

~

Willst du glücklich sein im Leben,
trage bei zu and'rer Glück,
denn die Freude, die wir geben,
kehrt ins eig'ne Herz zurück.

Sprichwort

Die kleinen Leute von Swabeedo

Vor langer Zeit lebten in dem Ort Swabeedo kleine Leute. Sie wurden die Swabeedoler genannt. Sie waren sehr glücklich und liefen den ganzen Tag mit einem freudig-fröhlichen Lächeln umher.

Wenn sie sich begrüßten, überreichten sie sich gegenseitig kleine, warme, weiche Pelzchen, von denen jeder immer genug hatte, weil er sie verschenkte und sofort wieder welche geschenkt bekam. Ein warmes Pelzchen zu verschenken bedeutete für sie: Ich mag dich. So sagten sie sich, dass jeder jeden mochte. Und das machte sie den ganzen Tag froh.

Außerhalb des Dorfes lebte ein Kobold – ganz einsam in einer Höhle. Wenn ein Swabeedoler ihm ein Pelzchen schenken wollte, lehnte er es ab. Denn er fand es albern, sich Pelzchen zu schenken.

Eines Abends traf der Kobold einen Swabeedoler im Dorf, der ihn sofort ansprach: »War heute nicht ein schöner, sonniger Tag?« Und er reichte ihm ein besonders weiches Pelzchen.

Der Kobold schaute ihm in den Rucksack mit den Pelzchen. Dann legte er ihm den Arm vertraulich um die Schulter und flüsterte ihm zu: »Nimm dich in Acht! Du hast nur noch 207 Pelzchen. Wenn du weiterhin so großzügig die Pelzchen verschenkst, hast du bald keine mehr.«

Das war natürlich vollkommen falsch gerechnet; denn jeder Swabeedoler hatte, da jeder jedem welche schenkte, immer genug Pelzchen.

Doch kaum hatte der Kobold den verdutzten kleinen Mann stehen lassen, kam schon sein Freund vorbei und schenkte ihm ein Pelzchen. Doch der Beschenkte reagierte nicht wie bisher. Er packte das Pelzchen ein und sagte zu seinem Kollegen: »Lieber Freund, ich will dir einen Rat geben. Verschenke deine Pelzchen nicht so großzügig, sie könnten dir ausgehen.«

Bald gaben sich immer öfter Swabeedoler diesen Rat. So kam es, dass Pelzchen nur noch an allerbeste Freunde verschenkt wurden. Jeder hütete seinen Pelzchenrucksack wie einen Schatz. Sie wurden zu Hause eingeschlossen, und wer so leichtsinnig war, damit über die Straße zu gehen, musste damit rechnen, überfallen und beraubt zu werden.

Die kleinen Leute von Swabeedo veränderten sich immer mehr. Sie lächelten nicht mehr und begrüßten sich kaum noch. Keine Freude kam mehr in ihr trauriges und misstrauisches Herz.

Erst nach langer Zeit begannen einige kleine Leute wieder wie früher kleine warme, weiche Pelzchen zu schenken. Sie merkten bald, dass ihnen die Pelzchen nicht ausgingen und dass sich Beschenkte und Schenkende darüber freuten. In ihren Herzen wurde es wieder warm und sie konnten wieder lächeln, auch wenn die Traurigkeit und das Misstrauen nie mehr ganz aus ihren Herzen verschwand.

Märchen aus Irland

Wer Gutes tun will …

In einer alten chinesischen Schrift
heißt es,
wer etwas Gutes tun wolle,
solle sich nicht erst
dadurch ermuntern lassen,
dass andere davon wüssten –
und er solle sich auch davon (vom Gutestun)
nicht abhalten lassen,
dass andere nicht davon wüssten
oder niemals davon erführen.

Wer Gutes tun will, soll es tun,
weil Gott es so will;
wer Gutes tun will, soll es tun,
weil es gut ist für andere;
wer Gutes tun will,

soll es tun,
weil es am allerbesten
für ihn selbst ist!

Menschen,
die Gutes tun und Frieden stiften,
die Wohltaten erweisen,
die andere segnen –
sind die glücklichsten
und zufriedensten Menschen der Welt.

Adalbert Ludwig Balling

Der glückliche Baumwollfaden

Es war einmal, so erzählt ein altes Märchen, ein kleiner Baumwollfaden, der fühlte sich auf einmal so klein: »Für ein Schiffstau bin ich viel zu schwach, für einen Pullover zu kurz, für eine Stickerei zu blass und farblos. Was kann ich schon? Niemand braucht mich, niemand mag mich.« Ganz niedergeschlagen fühlte sich der kleine Baumwollfaden.

Da klopfte ein Tröpfchen Wachs an seine Tür und sagte: »Du, Baumwollfaden, lass dich nicht so hängen! Ich habe da so eine Idee. Wir beide tun uns zusammen. Für eine Osterkerze bist du zwar als Docht zu kurz und ich habe auch nicht genug Wachs, aber für ein Teelicht reicht es allemal. Es ist doch viel besser, als kleines Licht zu leuchten, als immer nur über die Dunkelheit zu jammern!«

Da war der kleine Baumwollfaden ganz glücklich. Er tat sich mit dem Tröpfchen Wachs zusammen und sagte: »Du bist mein Engel! Das wollte ich schon immer. Gut, dass wir uns getroffen haben!«

Reinhard Abeln

In der Sonne von Liebe und Hoffnung

»Keine Katze mit sieben Leben, keine Eidechse und kein Seestern, denen das verlorene Glied nachwächst, kein zerschnittener Wurm ist so zäh wie der Mensch, den man in die Sonne von Liebe und Hoffnung legt.« (Hilde Domin).

Ein schönes und wahres Wort! Den Menschen in »die Sonne von Liebe und Hoffnung« legen! Ihn lieb haben, ihm Hoffnung machen. Das ist es, was Wunder wirkt, viel größere und viel schönere »Wunder« als etwa die Zähigkeit einer Katze oder die Tatsache, dass Eidechsen und Seesternen verlorene Glieder nachwachsen.

Der Schlagertexter, der meint: »Ein bisschen Licht, ein bisschen Luft, ein bisschen Sonnenschein, mehr braucht man nicht zum Glücklichsein«, hat zwar nicht ganz unrecht, aber am Ende reichen Licht, Luft und Sonne nicht aus, sonst müssten alle, die sich Reisen in den sonnigen Süden leisten, die Luftkurorte besuchen und lichte Bungalows bauen können, die glücklichsten Menschen der Welt sein. Nun lehrt aber die Erfahrung, dass dies nicht der Fall ist.

Zum Glücklichsein gehört eben doch mehr als nur frische Luft und Sonnenschein. Viel wichtiger als diese sind Liebe und Hoffnung; ist das Bewusstsein, dass es jemand gibt, der sich um uns kümmert; der uns Mut macht, wenn wir ermatten; der uns auch dann nicht verlässt, wenn alle anderen davonrennen.

Adalbert Ludwig Balling

Versuch's mit einem Lächeln!

Eines Tages fragte eine Vierjährige ihre Mutter: »Mama, warum leuchtet die Sonne?« Die Mutter war zunächst ganz überrascht von dieser Frage, aber dann antwortete sie ihrer Tochter einfach und klar: »Weil sie lächelt.«

Das Mädchen war mit dieser Antwort voll zufrieden. Es hatte ja keine naturwissenschaftliche Erklärung erwartet. Es wollte eine menschliche Antwort haben und die hatte die Mutter ihm gegeben: »Die Sonne leuchtet, weil sie lächelt.«

Mit dieser Antwort konnte das Mädchen etwas anfangen. Es konnte sich richtig vorstellen, wie die Sonne leuchtet, wenn sie lächelt. Außerdem hatte die Mutter wiederholt zu der Kleinen gesagt, wenn sie besonders lieb und freundlich war: »Du bist mein Sonnenschein.«

Müssten nicht auch wir im Leben viel mehr lächeln? Viel öfter, als wir es in Wirklichkeit tun? Vielleicht täten wir es, wenn wir begreifen könnten, wie sehr wir mit diesem Lächeln ein wenig Sonne für andere sind, wie sehr wir damit andere glücklich machen.

Es ist nun einmal eine Gegebenheit: Wer lächelt, wird zur Sonne, weil er dadurch Licht und Wärme in viele Dunkelheiten bringt. Wollen wir es nicht selber gleich einmal versuchen?

Reinhard Abeln

Glücklich ist einer...

der bereit ist,
Zeit zu verschenken,
auch wenn er keine hat

der vom Kleinen Prinzen träumt
und daran glaubt,
dass wir Menschen nur
mit dem Herzen gut sehen

der sich gerne beschenken lässt,
ohne das Gefühl zu haben,
mit gleichem Maß
zurückgeben zu müssen

der DANKE sagt,
wenn ihm ein blinder Bettler
die Hand drückt
für die empfangene Gabe

der Freunde hat,
die ihn auch dann nicht
von der Liste streichen,
weil er sie auch mal
zu ungelegener Zeit besucht
und nicht gleich wieder geht,
wenn es Zeit dazu wäre

Adalbert Ludwig Balling

Tausend bunte Tücher

Die Entlassung eines Strafgefangenen nahte. Der Kontakt mit seinem Zuhause war immer spärlicher geworden. Würde man ihn wieder aufnehmen, in die entbehrte Geborgenheit? Er hatte richtige Angst vor einer verneinenden Antwort. Er wollte dann erneut und sofort aufbrechen, für immer, und das Zuhause vergessen.

Er bettelte um ein Zeichen: Hängt in den Apfelbaum auf dem Hügel, den man vom Zug aus am ehesten sieht, ein großes buntes Tuch zum Zeichen, dass ich heimkehren darf! Er harrte in der Bahn gespannt. Er starrte in die Kurve.

Da schoss plötzlich der Apfelbaum auf dem Hügel in seine Augen. Er war mit tausend bunten Tüchern behängt. Sie blühten ihm restloses Verzeihen und willkommene Freude entgegen.

Nach einem amerikanischen Song (1981)

Im Himmel zählt nur das, was einer verschenkt hat

Was »machbar« ist, wissen wir alle: Häuser, Autos, Fernseh- und Videoapparate, Schreibmaschinen, Computer, Stereoanlagen, gute Sachen zum Essen und Trinken und vieles andere mehr. Wer Geld hat, kann sich kaufen, was er möchte.

Und so ist es denn auch: Viele Menschen kaufen und kaufen, weil sie mehr im Geldbeutel haben als im Kopf. Jeden Tag können wir in der Zeitung lesen oder in der Begegnung mit Menschen erfahren, wie wichtig vielen der Erwerb materieller Güter ist. »Hast du was, dann bist du was«, so lautet die Devise.

Eine russische Legende erzählt: Ein reicher Mann dachte auch im Sterben nur an das, woran er sein Leben lang gedacht hatte: an sein Geld. Mit letzter Kraft löste er den Schlüssel vom Band, das er am Hals trug, winkte der Magd, deutete auf die Truhe neben seinem Lager und befahl, ihm den großen Beutel Geld in den Sarg zu legen.

Im Himmel sah er dann einen langen Tisch, auf dem die feinsten Speisen standen. »Sag, was kostet das Lachsbrot?«, fragte er. »Eine Kopeke«, wurde ihm geantwortet. »Und die Sardine?« – »Gleich viel.«

»Und diese Pastete?« – »Alles eine Kopeke.« Er schmunzelte. Billig, dachte er, herrlich billig! Und er wählte sich eine ganze Platte aus. Aber als er mit einem Goldstück bezahlen wollte, nahm der Verkäufer die Münze nicht. »Alter«, sagte er und schüttelte bedauernd den Kopf, »du hast wenig im Leben gelernt!«

»Was soll das?«, murrte der Alte. »Ist mein Geld nicht gut genug?« Da hörte er die Antwort: »Wir werten hier nur das Geld, das einer verschenkt hat.«

Es lohnt sich, über diese Geschichte in Ruhe, vielleicht in einer stillen Viertelstunde, nachzudenken.

Reinhard Abeln

Zwei Brüder

Es waren einmal zwei Brüder. Sie wohnten auf dem Berge Morija. Der jüngere war verheiratet und hatte zwei Kinder. Der ältere lebte allein.

Beide Brüder arbeiteten, und was immer sie taten, taten sie zusammen: Sie pflügten gemeinsam ihre Felder und streuten zusammen den Samen aus.

Als das Getreide reif war zur Ernte, schnitten sie es gemeinsam; jeder erhielt einen Stoß Garben, gleichgroß.

In der Nacht jedoch fand der ältere Bruder keine Ruhe; er dachte an seinen Bruder, der eine Familie hatte und folglich mehr Getreide benötigte.

Eiligst stand er auf und trug heimlich von seinem Stoß einige Garben hinüber zum Stoß seines Bruders.

In der gleichen Nacht – nur drei Stunden später – dachte der jüngere an seinen älteren Bruder und überlegte bei sich: Er ist ganz alleine. Wer wird, wenn er alt ist, für ihn sorgen?

Eiligst stand er auf und trug heimlich von seinen Garben einige hinüber zum Stoß seines älteren Bruders.

Am Morgen waren beide erstaunt, dass jeder gleich viel Garben hatte wie am Abend zuvor. Aber keiner sagte darüber ein Wort zum andern.

In der darauffolgenden Nacht wartete jeder ein Weilchen, bis er den anderen schlafen wähnte. Dann erhoben sie sich – und jeder nahm von seinen Garben, um sie zum Stoß des anderen zu tragen. Auf halbem Weg trafen sie aufeinander – und jeder erkannte, wie gut es der andere mit ihm meinte …

Nach einer alten jüdischen Parabel

Das steinerne Herz

Ein Kaufmann war sehr reich geworden, konnte aber nie genug bekommen und wollte immer noch mehr verdienen. Als er eines Tages auf Reisen war, erschien ihm der Verführer. »Möchtest du reicher als alle werden?«, fragte er ihn.

»Nichts lieber als das!«, sagte der Kaufmann, »was muss ich dafür tun?«

»Du musst mir dafür dein Herz geben«, sagte der Verführer.

Ohne Zögern tauschte der Kaufmann sein Herz gegen einen Stein. In nur einem Augenblick geschah es. Dann verschwand der Verführer.

In den folgenden Jahren wurde der Kaufmann reicher als alle Menschen, aber auch immer verlassener und einsamer. Als er eines Tages wieder dorthin kam, wo ihm der Verführer sein Herz genommen hatte, begegnete ihm der Bischof Nikolaus von Myra.

»Warum bist du so traurig?«, fragte er den Kaufmann. Da erzählte der reiche Mann seine Geschichte.

Der Heilige tröstete ihn und sprach: »Du kannst wieder glücklich werden, wenn du mit deinem Geld den Armen hilfst. Geh in die Häuser der Krankheit und des Hungers und lerne die Not der Menschen sehen.«

Der Kaufmann tat, wie der Bischof Nikolaus ihm geraten hatte. Mit jedem guten Wort und jeder helfenden Tat schmolz der Stein in seiner Brust und das Herz kam wieder.

Als er starb, war aus dem armen Reichen ein reicher Armer geworden.

Legende

Er soll es gut haben!

In einem ungarischen Spielfilm erleidet ein Mann, noch in den besten Jahren, einen Herzinfarkt. Er wird ins Krankenhaus eingeliefert – und stirbt. Die Frau hält den Toten in ihren Armen.

Später rennt sie, geschockt und verwirrt, wie eine Schlafwandlerin über die Gänge und Treppen des Hospitals. Vor der offenen Tür der Hauskapelle bleibt sie stehen. Nach kurzem Zögern stürmt sie hinein und schreit aus voller Kehle: »Ich weiß zwar nicht, wer du bist, und ich weiß auch nicht, wo du bist – aber hörst du mich? Er soll es gut haben! Verstehst du?« Dann stierte sie lange Zeit auf das Kreuz im Chor der Kapelle.

Er soll es gut haben! Ein verständlicher Wunsch von Seiten der Frau. Selbst dem Toten möchte sie beistehen.

Romain Gary hat einmal geschrieben, es gebe kein größeres Glück als das Glück der andern. Wer das Glück des andern will, findet selber Heil. Wer anderen bei-steht, hilft sich allemal selbst am meisten.

Adalbert Ludwig Balling

Teile dein Glück!

»Glücklich ›werden‹ heißt glücklich ›machen‹«, sagte der Prediger im Weihnachtsgottesdienst. Das heißt: Wer glücklich werden will, darf nicht so sehr an sich denken, sondern mehr an die anderen. Wer ständig um sich selbst kreist und sich zum Thema seines Lebens wählt, ist nicht bloß unglücklich, sondern verfehlt sein Leben.

Der Mensch ist auf Kommunikation, auf Gespräch hin geschaffen. Er ist du-haft gebaut und kann sich selbst allein niemals genügen. Menschliche Existenz ist immer »Ko-Existenz«, »Mit-Existenz« mit anderen, auf andere hin.

Zu diesen »anderen« gehören auch diejenigen, die auf der Schattenseite des Lebens sich befinden, die vom Glück ausgeschlossen sind, weil kein Platz für sie da ist: die Hungernden, Armen, Kranken,

Alten, Alleinstehenden, Verlierer, Schuldigen, Verängstigten, Freudlosen, die vom Schicksal Getroffenen, die unter die Räder Gekommenen … Die Reihe ließe sich beliebig fortsetzen.

Einer der Vorkämpfer gegen die Not in der Welt, vor allem gegen den Aussatz, der französische Arzt Raoul Follereau, hat einmal in einem Weihnachtstext gesagt: »In der Heiligen Nacht ward in der Krippe der Arme geboren, dessen Liebe die Welt erschüttern sollte. Weihnacht! Seit jener Nacht hat niemand das Recht, ganz allein glücklich zu sein!« Ein schönes Wort!

Wir haben kein Recht, glücklich zu sein, wenn wir nicht derer gedenken, die auf dieser Welt arm und ohne Rechte sind; wenn wir nicht bemüht sind, ihrem dornenreichen Leben eine höhere (menschliche) Qualität zu geben.

Von Albert Schweitzer (1875–1965), dem berühmten Missionsarzt in Lambarene, stammt das Wort: »Das Glück kann man nur multiplizieren, indem man es teilt.« Man kann gar nicht oft genug über diesen Satz nachdenken.

Reinhard Abeln

Ich wünsche dir neidlose Freude am Glück der anderen

Von Martin Walser stammt das bittere Wort: »Keiner lobt dich um deinetwillen.« Man könnte fortfahren: Niemand ehrt dich, es sei denn, es fiele ein Hauch von Glamour auf ihn zurück. Niemand gönnt dir die Butter auf dem Brot, die Haare auf dem Kopf, das Glück in der Familie, die Gesundheit des Leibes und der Seele – es sei denn, er wünschte sich für sich und die Seinen Ähnliches ...

Aus solchen Äußerungen sprechen nicht nur Neid, sondern auch Egoismus. »Neid ist die Angewohnheit, statt der eigenen Glückseligkeit die der andern zu zählen«, schreibt Ernst von Feuchtersleben.

Neid ist das Gegenteil von Liebe. Neid ist Taktlosigkeit gegenüber dem Mitmenschen. Menschen, die anderen nicht wohlgesonnen sind, die ihnen nichts gönnen, verstoßen gegen die Liebe.

Was wir uns wünschen, das sind Menschen, die neidlose Freude empfinden, wenn es anderen gut geht. Menschen, die den andern nicht nur das Ei in der Suppe gönnen, sondern auch das Fleisch im Topf, die Rosen im Vorgarten und den Urlaub in den Bergen. Menschen, die ein lobendes Wort für uns haben – und sich nicht lieber die Zunge abbeißen, ehe sie es aussprechen.

»Zweifeln kannst du noch immer; auch zum Spott bleibt dir noch Zeit, aber das Lob kann nicht warten; es muss noch heute gesprochen sein« (Felix Timmermans).

Solche Menschen wünschen wir uns. Solche Menschen können wir selber sein. Jeder Mensch wird andere Wünsche haben; aber *ein* Wunsch dürfte uns allen gemeinsam sein: dass man uns das so selten gewordene Häppchen Glück auch wirklich gönne.

Ich wünsche dir neidlose Freude am Glück der andern.

Ich wünsche dir die Weite des Herzens, die sich nicht scheut, jene zu loben, die Lob verdient haben.

Ich wünsche dir herzliche Aufrichtigkeit im Umgang mit denen, die dich mögen.

Adalbert Ludwig Balling

»Dann käme ich aus dem Danken gar nicht mehr heraus!«

Ein Bekannter fragte einen Freund,
mit dem er sich gut verstand:
»Hast du deiner Frau auch schon
einmal gedankt für das gute Essen,
das sie dir jeden Tag
auf den Tisch stellt?«
»Nein, warum?«, war die Antwort.
»Dann käme ich aus
dem Danken ja gar nicht mehr heraus!«

Der Freund hat ein großes Wort
gesagt und vielleicht den tieferen
Sinn erst später erfasst. Tatsächlich:
Wir kämen aus dem Danken
gar nicht mehr heraus! Wäre das
nicht großartig?! Danken macht andere
Menschen glücklich – und uns dazu.

Reinhard Abeln

Zum Nachdenken

Wirklich glücklich wird nur,
wer das Risiko der Liebe bejaht.

Roger Schutz

~

Das wirkliche Glück
liegt nicht in dem,
was man empfängt,
sondern in dem,
was man verschenkt.

Johannes Chrysostomus

~

Man muss glücklich sein,
um glücklich zu machen;
und man muss glücklich machen,
um glücklich zu bleiben.

Maeterlinck

~

Seine Freude
in der Freude des andern
finden können –
das ist das Geheimnis
des Glücks.

Georges Bernanos

Glücklich auch in schweren Stunden

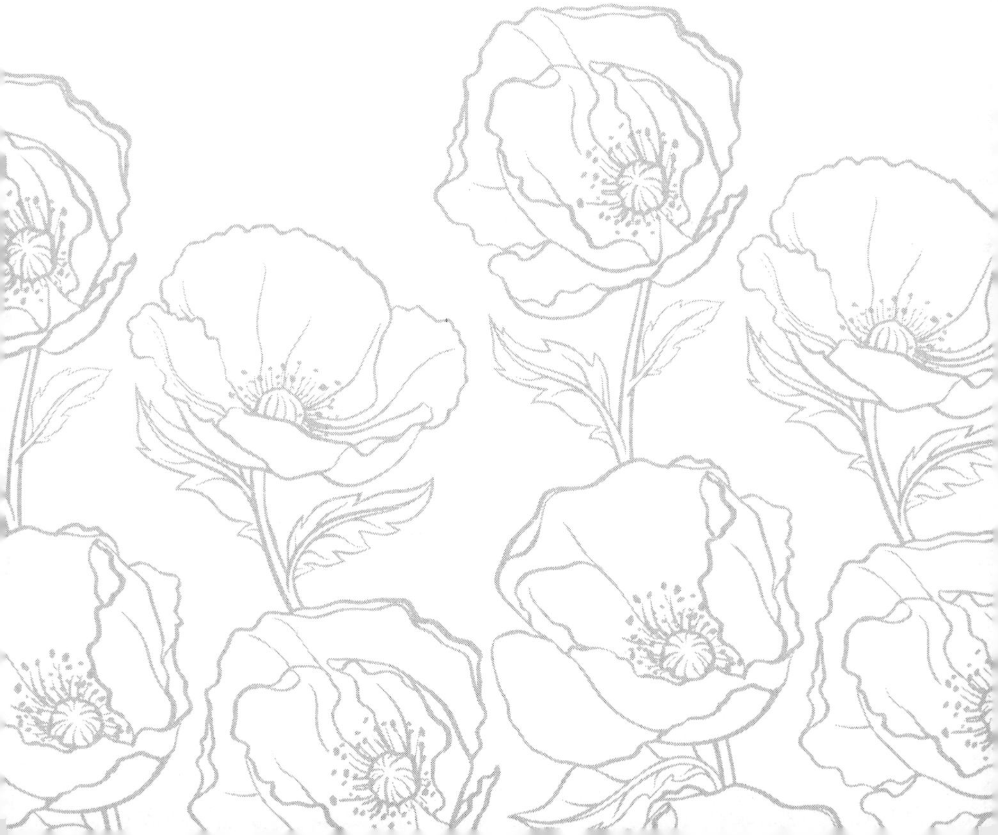

Wenn es kein Leid gäbe,

könnte man auch nicht

die Erfahrung der Freude machen.

Es ist das Leid,

das uns hilft,

die Freude zu erleben …

Wenn es kein Leid gäbe,

wäre das Leben höchst uninteressant.

Hazrat Inayat Khan

~

Wenn Sie wieder

einmal

recht unglücklich sind,

dann stellen

Sie sich bitte

mal all die Leute vor,

die gerne mit Ihnen

tauschen würden.

Robert Lembke

Keine Rosen ohne Dornen

Wer im Alter mit dem Leben im Einklang leben will, sollte Ja sagen zu der alten Lebensweisheit: »Es gibt keine Rosen ohne Dornen.« Wir können auch eine Reihe anderer (ähnlicher) Volksweisheiten heranziehen, wie zum Beispiel: »Kein Dach ohne Ach«, »Kein Häuschen ohne Kreuzchen«, »Kein Seidenkleid ohne Herzeleid«. In der Sprache der Bibel heißt das: »Kein Leben ohne das Kreuz«.

Es ist töricht, nur die Rosen haben zu wollen und nicht auch die Dornen in Kauf zu nehmen. »Des Lebens ungetrübte Freude ward (und wird) keinem Sterblichen zuteil«, heißt es in Goethes »Faust«.

Das haben wir in unserem langen Leben zur Genüge erfahren. In der Jugend mag man von Rosen ohne Dornen träumen, im Alter hat man sich sogar daran gewöhnt, dass es auch Dornen ohne Rosen gibt.

Es kann Zeiten geben, da man den Glauben an die Rosen, an alles Schöne und Helle im Leben, ja an die Liebe verlieren könnte. Es gibt manchmal die tiefen Stunden, aus denen man mit Jesus am Kreuz aufschreien möchte: »Mein Gott, mein Gott, warum hast du mich verlassen?« Aber das stimmt nicht. Gott hat uns überhaupt nicht verlassen.

Wo Dornen sind, da blüht früher oder später auch einmal eine Rose. Man muss nur warten können und die Augen offenhalten, um diese Rose dann zu finden.

Auch das tiefste Leid in der Welt ist nicht sinnlos. Man muss nur Vertrauen haben zum Leben und, wenn man ein Christ ist, auch Vertrauen zu Gott, dem Vater, der hinter dem »Leben« steht.

Viele Menschen, die sich mit den Dornen der Welt abplagen, sehen nur noch diese Dornen, reißen sich wund daran, klagen und jammern und hadern mit Gott. Das ist oft gerade im Alter der Fall. Man wird leicht verbittert und griesgrämig.

Gewiss, im Alter, im Herbst des Lebens, gibt es nicht mehr so viele Rosen wie in der Jugend, im Frühling des Lebens. Es ist vorbei mit dem Lied: »Jetzt sind die Tage der Rosen ...«

Die Dornen gedeihen offensichtlich besser als die Rosen. Aber so ganz ohne Rosen, so ganz ohne Freude und Glück ist auch der Herbst des Lebens nicht. Diese paar Rosen sollten wir sehen, dafür dankbar sein und die unvermeidlichen Dornen geduldig ertragen.

Theodor Fontane (1819–1898), der deutsche Schriftsteller, hat die bedenkenswerten Verse geschrieben:

»Nicht Glückes bar sind deine Lenze,
Du forderst nur des Glücks zu viel;
Gib deinem Wunsche Maß und Grenze,
Und dir entgegenkommt das Ziel.

Das Glück, kein Reiter wird erjagen,
Es ist nicht dort, es ist nicht hier;
Lern überwinden, lern entsagen
Und ungeahnt erblüht es dir.«

Reinhard Abeln

Die kostbare Perle

Ein kleines Mädchen, das von allen ausgenutzt und verstoßen wurde, lief traurig von zu Hause weg. Es lief und lief, bis es zu einem großen See kam. Dort setzte es sich müde, verlassen und hungrig hin und weinte bitterlich.

Plötzlich sah das Mädchen auf dem Grund des klaren Wassers etwas, das funkelte und blitzte. Neugierig und mutig sprang es in das tiefe Wasser, um den Schatz ans Land zu holen. Das Mädchen tauchte und fasste eine Muschel. Mit geübter Hand brach es sie vorsichtig auf. Vor ihm lag ein Wunder: Eine schöne Perle, die wie ein Tautropfen in allen Regenbogenfarben schimmerte. Das Mädchen staunte und wusste, dass es etwas gefunden hatte, das einmalig und unbezahlbar war.

Die kostbare Perle, die in der Hand des Mädchens ruhte, strahlte und sagte leise: »Sei nicht traurig! Hör zu, ich will dir meine Geschichte erzählen: Eines Morgens stürzte ich als Tautropfen kopfüber ins Meer. Von den Wellen wurde ich mitgerissen. Verzweifelt versuchte ich, mich zu retten. Da hörte ich eine Stimme: ›Komm in mein Haus!‹

Blindlings folgte ich dem rettenden Ruf. Hinter mir schlossen sich die Schalen einer Muschel. Zuerst atmete ich dankbar auf, doch dann begriff ich, dass ich eingesperrt war. Ich wehrte mich und jammerte: ›Nun werde ich wohl nie mehr im Licht der Sonne in allen Regenbogenfarben leuchten.‹

Da sagte die weise Muschel: ›Auflehnung und Trotz machen ohnmächtig und zerstören. Nimm dein Schicksal geduldig an, dann wird es dir leicht ums Herz. Von innen her wirst du dann immer fester und eines Tages bist du ein kostbarer Schatz, eine wertvolle Perle. Wer dich findet, wird glücklich sein.‹

Ich seufzte, weil ich das nicht so richtig verstehen konnte, aber von nun an lebte ich still und zufrieden. Ich spürte, dass etwas in mir wuchs und wuchs, was mich stark machte und mir viel Kraft gab. Aus Leid und Schmerzen bin ich geworden, was ich bin, ein Wunder in deiner Hand.«

Das Mädchen hatte gut zugehört und ging getröstet nach Hause und immer, wenn es ihm ganz schwer ums Herz war, wenn es viel leiden und verkraften musste, dann schaute es dankbar auf die kostbare Perle und spürte, wie auch in ihm die Kraft wuchs und es stark machte.

Altes Märchen

Einer, der nicht klagt

Vor Kurzem traf ich einen Mitbruder. Ich erkundigte mich nach seinem Wohlbefinden.

»Ich bin der glücklichste Mensch, den es gibt! Mich kritisiert keiner. Ich kann essen, was und wie viel ich will. Magenbeschwerden kenne ich nicht. Mir geht's prima!«

Als er merkte, dass ich zunächst nicht so ganz davon überzeugt war, dass er es wirklich wörtlich meinte, wiederholte er: Er fühle sich in der Tat sehr glücklich und zufrieden. Trotz seiner 80 Jahre – er geht am

Stock und sieht nicht mehr gut – freue er sich an jedem Tag. Er finde es schön, lange leben zu dürfen. Und er sei dankbar dafür, dass er so viele Jahre habe leben dürfen.

Ich habe mich gefreut, ehrlich gefreut, einem Menschen zu begegnen, der das Leben lebenswert findet. Der sich dankbar äußert über das, was er hat. Der nicht klagt, weil die Füße nachlassen. Der nicht störrisch geworden ist, weil die Jüngeren besser sehen als er. Der nicht missmutig über diejenigen schimpft, denen es besser geht als ihm. Er dankt vielmehr dafür, dass er leben darf. Dass er gut essen kann – ohne Magenbeschwerden zu bekommen. Dass er, wenn auch zittrig, doch noch gehen kann.

Warum fällt es uns oft so schwer zu danken? Warum geben wir so selten zu, dass wir eigentlich die glücklichsten Menschen auf dieser Erde sein müssten! Wie sagte doch Helen Keller, die selbst blind war, einmal: »Ich weinte, weil ich keine Schuhe hatte – bis ich einem begegnete, der keine Füße hatte.«

Es ist eine Binsenweisheit – aber manchmal muss man sich auch Binsenweisheiten öfters am Tag ins Gedächtnis rufen: Wer lobt, vergisst zu klagen!

Adalbert Ludwig Balling

Ein Engel des Glückes

In Wochen, Monaten oder Jahren der Krankheit geschieht bei vielen Menschen etwas ganz Wunderbares: Die materiellen Dinge verlieren an Wichtigkeit, das Innenleben wird reicher.

Man kann sich auf einmal wieder freuen an winzigen Kleinigkeiten: am Singen der Vögel, an einem schönen Apfel, an einer Blume, an der Freundlichkeit des Arztes und der Krankenschwester, am Takt und an der Aufmerksamkeit der Besucher.

Oft schon haben wir es erfahren, dass heilende Kräfte von solchen Kranken ausgehen, und jeder, der mit leidenden Menschen zusammenkommt, wird es bestätigen können. Mancher gelähmte Mensch, der hoffnungslos an sein Krankenbett gefesselt ist, wird für unzählige Menschen zu einem geistigen Führer.

Eine 75-jährige Frau, die in einem ländlichen Pflegeheim lebte und schon seit Längerem bettlägerig war, ließ es sich nicht nehmen, ihre Umwelt glücklich zu machen. Mit liebenswürdiger Unbefangenheit beschenkte sie alle, die zu ihr kamen, mit dem Frieden ihres Herzens. Sie hörte aufmerksam zu, erzählte viel Interessantes, schenkte Trost und gab klugen Rat.

»Ich will mit Gottes Hilfe wenigstens noch ein kleiner Ofen sein, von dem Wärme ausgeht«, sagte sie eines Tages lächelnd zu einem Besucher.

Reinhard Abeln

Der greise Südsee-Insulaner

Da war einmal ein alter Mann in der Südsee, seit Jahren krank und hilflos. Eines Tages schleppte er sich mühsam auf die Veranda seiner Grashütte, rief alle Dörfler zusammen und begann, ein langes Lied zu singen, den Preisgesang seines Lebens. Er erzählte seinen Mitmenschen von all den vielen guten und schönen Dingen, die er im Laufe der Jahrzehnte hatte erleben dürfen.

Gebannt lauschten die Inselbewohner dem Alten. Als er geendet hatte, legten sie ihn in die Hütte zurück und flüsterten untereinander: Seine Seele ist im Aufbruch!

An jenem Abend brachte ihm der Missionar von der benachbarten Station einen Teller Suppe, einen ganz großen Teller voll dampfender Bohnensuppe. Der Greis griff zu; die Suppe schien ihm zu schmecken. Als er fertig war, wischte er mit der Linken über die Lippen, schmatzte zufrieden und legte den

Löffel auf die Erde. Es sei das beste Süppchen gewesen, das er je gegessen habe, beteuerte er. Dann lehnte er sich zurück – und schlief ein. Er erwachte nicht mehr.

Der Mariannhiller Pater, der mir diese Geschichte erzählte, war so gepackt, dass er vergaß, dem Alten die Sterbesakramente zu spenden. Im Nachhinein meinte er: Ein Mensch, der am Ende seines Lebens seinem Schöpfer so froh und glücklich zujubelt, braucht keinen Trost mehr!

Adalbert Ludwig Balling

Die erblindete Russin

Eine alte Russin erblindete durch Netzhautablösung. Ein Auge war schon früher erblindet, das andere erblindete gerade in dem Augenblick, als sie erfuhr, dass ihr tot geglaubter Sohn aus der Kriegsgefangenschaft heimkehrte.

Kein Wort der Klage! Die Frau stellte sich sofort auf die Dunkelheit um. Sie lernte Blindenschrift, bewegte sich in gewohnter Umgebung ziemlich sicher, lud Freunde ein und bewirtete sie. Keinem hat sie erlaubt, sie zu bemitleiden. Sie meinte, Gott hätte ihr ihren geliebten Sohn wiedergeschenkt. Was wäre schon ihre Blindheit dagegen!

Einmal meinte sie gegenüber einer Freundin: »Weißt du, wenn Gott mir jetzt sagte, du sollst deine Augen wieder haben, ich weiß nicht, ob ich froh darüber wäre. Ich habe gelernt, so vieles zu sehen, was ihr alle nicht seht. Die Welt ist mir so reich geworden, dass ich das normale Sehen gar nicht misse.«

Ist eine solche Krankheit ein Unglück? Wird sie in der Gelassenheit nicht zum Segen und zur Verwandlung? Mancher hat schon dankbar bekannt: »Wäre ich nicht krank geworden, ich wäre ein oberflächlicher und vordergründiger Mensch geblieben!«

Das Kreuz, sprich: die Krankheit, ist eine Last, aber warum soll die Last nicht zum Segen werden? Nur wer »unten« ist, weiß, was »oben« ist. Nur wer die »Finsternis« kennt, weiß, was »Licht« bedeutet. Und wenn es »Morgen« werden soll, müssen wir vorher durch die »Nacht« gegangen sein.

Reinhard Abeln

Im Angesicht
des Todes

Vor gut zwei Jahren starb eine junge Frau im 40. Lebensjahr. Diese Frau, M. A., war eine überaus engagierte und hilfsbereite Lehrerin in einem Behindertenheim. Mit Begeisterung und Leidenschaft leistete sie dort aus ihrem tiefen christlichen Glauben heraus viel Gutes. Aber auch ihre Familie, ihr Mann und die zwei Jungen, kamen nicht zu kurz.

Doch das all die Jahre harmonische Miteinander wurde jäh zerstört, als M. A. völlig unerwartet erkrankte. In den Untersuchungen stellte sich heraus, dass sie nur noch ein paar Wochen zu leben habe, wie ihr die Ärzte mitteilten.

Nach dem ersten Schock willigte die Lehrerin in die von den Ärzten verordnete Therapie ein. Doch das Entsetzen und die damit einhergehende Lebenslähmung hielten nicht lange an. Wie ein zartes, kaum wahrnehmbares Pflänzchen wuchs in M. A. wieder Lebenshoffnung. Sie wollte sich dem Tod stellen, mit ihm kämpfen.

Die Lehrerin wusste, dass es nur noch Wochen waren, die sie dem Tod, ihrem Tod, abtrotzen konnte. Aber sie hielt allein diese Aussicht für wertvoll. So krempelte sie ihr Leben um. Sie lebte bewusst, achtete genau auf ein ausgewogenes Essen und einen festen Tagesablauf.

Tatsächlich gelang es M. A., mit Hilfe ihres Glaubens, ihrer Ärzte und ihrer Angehörigen, die vorausgesagte Frist zu überleben. Ja, sogar ihre Werte wurden zusehends besser. Wie ein Wunder registrierten dies alle Menschen, die um die vierzigjährige Frau bangten.

Schon hatte M. A. die vorhergesagte Lebensfrist um ein halbes Jahr verlängern können. Nun plante sie mit ihrer Familie einen Urlaub. Stundenweise wollte sie sogar in ihren Beruf zurückkehren. Doch bald merkte sie, dass dies ihre Kräfte übersteigen würde.

Trotz aller Anstrengungen verdrängte M. A. nicht, dass alles, was sie tat, vielleicht ein letztes Aufbäumen war. Daher bereitete sie sich gewissenhaft auf den Tod, auf ihren Tod, vor: Sie las, sie sprach mit anderen darüber, sie betete. Mit den Ihren und mit Freunden feierte sie geradezu ausgelassen ihren 40. Geburtstag. Niemand dachte jetzt noch daran, dass sie sterben müsste – nur sie selbst.

Inzwischen hatte M. A. sogar ein ganzes Jahr überstanden. Jeden Tag erlebte sie froh und glücklich. Jeder Tag war für sie ein Geschenk. Wenn hier und da Schmerz, Trauer und Ängste auftauchten, stellte sie sich diesen. Immer wieder stand sie anderen Menschen, denen es schlechter ging als ihr, mit Rat und Tat zur Seite.

Um ihren Zustand zu stabilisieren, fuhr M. A. zur Kur. Sie verbrachte dort die ersten Wochen erlebnisreich und frohgemut. Doch plötzlich fiel sie ins Koma, denn im Gehirn hatten sich unerwartet Metastasen gebildet. Eine Notoperation rettete sie – aber nur noch für wenige Tage.

Vorbereitet starb sie zu Hause bei ihrem Mann und den Kindern mit einem Gebet auf den Lippen. M. A. war dem Tod nicht davongelaufen. Sie hatte sich ihm gestellt und ihm Monate, ja weit über ein Jahr abgetrotzt. Sie führte ein Leben aus der Hoffnung heraus. Selbst in der Todesstunde gab sie die Hoffnung nicht auf, die Hoffnung auf die Auferstehung der Toten.

Reinhard Abeln

Ein blauer Fleck blieb zurück ...

Es war im Winter 1945/46. Flucht aus den ehemaligen deutschen Ostgebieten, von Schlesien nach Bayern – quer durch die CSFR. Eine junge Frau, 23 Jahre alt, stapfte durch den Schnee – im Rucksack ein paar Habseligkeiten, an der Hand ihr zweijähriges Büblein; ein zweites Kind trug sie unter dem Herzen; sie war schwanger.

Es ging westwärts. Eisiger Wind trieb ihr Schnee ins Gesicht. Klirrende Kälte hing in der Luft. Polares Hochdruckgebiet. Der Weg war verweht, die Straßenschilder verdeckt.

Unterschlupf gab es mal hier, mal dort, in Heuschobern oder Pferdeställen oder in einer eisigen Holzhütte. Die Füße waren wund gelaufen. Der Rücken schmerzte. Das Kind neben ihr konnte nicht mehr. Sie musste es tragen.

Todmüde setzte sie sich schließlich in eine Schneemulde – um ein wenig auszuruhen. Dabei schlief sie ein; der Zweijährige neben ihr war schon vorher eingeschlummert ...

Als die junge Frau erwachte – sie hatte keine Ahnung, wie lange sie geschlafen hatte –, schrie der Kleine. Sie selbst spürte einen stechenden Schmerz am Oberschenkel. Sie rieb sich die Augen, krabbelte mühsam aus der Mulde heraus, machte sich wieder auf den Weg – zusammen mit dem Büblein, hinein in die klirrende Kälte.

Ein blauer Fleck blieb am Oberschenkel zurück. Noch sehr lange. Woher stammte er bloß? Wie hatte sie sich ihn zugefügt?

Vierzig Jahre später, inzwischen selbst Großmutter, sagte sie: Wer immer mir damals den Fußtritt versetzt hat – und es war ein kräftiger, der noch wochenlang schmerzte –, ich vermute heute, dass es ein anderer Flüchtling war, der ebenfalls des Weges kam. Er hat mein Leben und das meiner beiden Kinder gerettet, den Zweijährigen wie den Ungeborenen. Ohne diesen Fußtritt wäre ich nie mehr aufgewacht; wären wir alle erfroren …

Manchmal, so sinnierte sie später weiter, manchmal braucht es einen Fußtritt, einen Rippenstoß. Manchmal ist ein Fußtritt wichtiger als ein Stück Brot. Manchmal kann eine Ohrfeige das Leben retten …

»Die Niederlagen im Leben«, so schreibt Benoîte Groult einmal, »sind viel fruchtbarer als die Siege. Sie zwingen zum Nachdenken, zum Abwägen, während das Glück oft nur ein status quo ist.«

Adalbert Ludwig Balling

Kapitel VII

Glücklich, wem Schmunzeln guttut

Und kommt es dir zuweilen vor,
als ächze schwer dein Lebenskarren,
öl rasch die Räder mit Humor,
dann hört er wieder auf zu knarren.

Überliefert

Lachen ist gesund

Carl Gustav Jung, der weltbekannte Schweizer Psychotherapeut, erzählte gelegentlich von einem Geisteskranken, den man nach dem Grund seines jahrelangen Schweigens gefragt hatte; seine Antwort: Weil ich die deutsche Sprache schonen wollte!

Nicht minder zum Schmunzeln reizt die Reaktion eines alten Indianerhäuptlings im Norden Kanadas, der in seiner Region für präzise Wettervorhersagen bekannt war. Von einem deutschen Fernsehjournalisten gefragt, woran er erkenne, dass der nächste Winter ein sehr strenger werde, antwortete die schlitzohrige Rothaut, zuvor nochmal kräftig an seiner Pfeife ziehend, die rauchigen Kringel in die vier Windrichtungen stoßend und dann auf die Blockhütte seines weißen Nachbarn deutend: »Weißer machen große Holzstoß! Voilà!«

Eine indische Studentin in Österreich sagte einmal: Die Europäer hätten alle so große Sehnsucht nach Glück, aber ihre Gesichter seien sehr ausdruckslos. Sie lachten so selten; sie hätten vor allem vergessen, über sich selber zu lachen.

Ein Sprichwort aus Angola lautet: »Lachen reinigt nicht nur die Zähne, es säubert auch die Runzeln vom Staub.« *Adalbert Ludwig Balling*

Verkrault oder froh?

Drum, wie wär es, alter Schragen,
wenn du mal die Brille putztest,
um ein wenig nachzuschlagen,
wie du deine Zeit benutztest. –

Ob du lebst im Griesgram heute,
ganz verkrault mit böser Miene
und die Last bist aller Leute
als brummer Bär und laun'ge Triene.

Dann kehr um, du alter Sünder,
werde wieder froh und heiter:
Leb geborgen wie die Kinder
auf der schmalen Himmelsleiter!

Freuden gab dir Gott unzählig,
Wasser, Blumen, Licht und Erden,
Menschen, die dich lieben selig,
dass auch du kannst glücklich werden!

Wilhelm Busch

Nicht jeder, der schwarzsieht, ist ein Hellseher

Nicht jeder, der keinen Wellensittich hat, hat auch keinen Vogel.

Nicht jeder, der Tauben füttert, ist arglos wie diese.

Nicht jeder, der deiner Gattin Komplimente macht, mag auch dich.

Nicht jeder, der pfeift, lädt zum Tanzen ein.

Nicht jeder, der sich liberal gibt, duldet auch Andersdenkende.

Nicht jeder, der Neapel gesehen hat, will auf der Stelle sterben.

Nicht jeder, der keinen Kaugummi mag, hat ein künstliches Gebiss.

Nicht jeder, der den Teufel an die Wand malt, glaubt an ihn.

Nicht jeder, der andere Trottel nennt, ist selbst einer.

Nicht jeder, der Pantoffeln trägt, sitzt vor dem Fernseher (und) hinter seiner Frau.

Nicht jeder, der sich »von« schreibt, benimmt sich wie ein Adeliger.

Adalbert Ludwig Balling

Die Segensbitte

Bei der Verfilmung des Romans »Don Camillo und Peppone« spielte der weltberühmte Fernandel eine Rolle als Priester. Während einer Drehpause wurde er von einem kleinen Mädchen um seinen Segen gebeten.

Fernandel antwortete auf diese Bitte ein wenig verlegen: »Mein Kind, ich bin gar kein richtiger Priester. Ich spiele diese Rolle nur für den Film.«

Aber das kleine Mädchen ließ nicht locker:

»Das macht überhaupt nichts. Ich brauche ja den Segen nicht für mich selbst, sondern nur für meine Puppe!« *Reinhard Abeln*

»Da hilft kein Beten«

Bei der Bittprozession machte der Pfarrer mit seinen Ministranten, wie es Brauch war, am Feld eines jeden Gemeindemitglieds Halt. Er betete für eine gute Ernte und segnete den Acker.

So kamen sie zum Feld des Huber-Bauern, der als faul und arbeitsscheu bekannt war. Die Prozession hielt an. Der Pfarrer schaute kurz über den noch unbestellten Acker und drängte gleich weiter: »Da hilft kein Beten, da muss Mist hin!« *Reinhard Abeln*

Glücklich ist einer ...

der auch dann noch schmunzelt,
nachdem ein Hündchen
sein rechtes Hosenbein
mit einem Baum verwechselt hat

der auch den Spatzen zugesteht,
dass sie ihm hin und wieder
etwas von oben auf seinen
neuen Hut fallen lassen
(Er weiß, sie haben es nicht
auf ihn abgesehen; es hätte
jeden anderen auch treffen können.)

der Humor nicht
mit Satire verwechselt
und Freude nicht
mit Ausgelassenheit
und wilder Gaudi

Adalbert Ludwig Balling

Prominente Vorbilder

Der Maler beim Papst

Ein Maler war durch seinen freizügigen Lebenswandel bekannt. Bei einer Audienz bot ihm Leo XIII. eine Prise Schnupftabak an.

Dankend wehrte der lockere Geselle mit den Worten ab: »Heiliger Vater, diesem Laster fröne ich nicht.«

Darauf erwiderte Leo XIII.: »Mein Lieber, wenn es ein Laster wäre, würden Sie es gewiss haben!«

Pforte des Himmels

Im Vorbeigehen bei einem Empfang hörte der recht beleibte Erzbischof Roncalli, der spätere Papst Johannes XXIII., wie zwei Mönche abfällige Bemerkungen über ihn machten:

»Wie kann ein so dicker Prälat durch die enge Pforte des Himmels gelangen?«

Roncalli drehte sich um und sagte: »Gott, der mir das Bäuchlein wachsen ließ, wird dafür sorgen, dass ich durch das Nadelöhr komme!«

Reinhard Abeln

Wo kämen wir hin, wenn …

Wo kämen wir hin, wenn alle Menschen immer die Wahrheit sagten? Keine (Not)Lügen, keine Schwindeleien, keine Fälschungen, keine »faule Ausreden«? – Würde das heißen, dass es auch keine Barone von Münchhausen und keine Karl Valentins mehr gäbe? – Nein! Spaß und Humor und lustige Aprilscherze und dgl. müssen sein!

Wo kämen wir hin, wenn alle unsere Wünsche wahr würden? – Wir wären, wahrscheinlich, wunschlos unglücklich!

Wo kämen wir hin, wenn alle Menschen an das Gute im Menschen glaubten? – Wir bräuchten keine Polizisten. Keine Gefängnisse. Keine Schließfächer. Keine Politiker …

Wo kämen wir hin, wenn alle Uhren pünktlich gingen? – Chronisch Zu-spät-Kommende müssten sich neue Ausreden einfallen lassen.

Wo kämen wir hin, wenn jedem Neugeborenen ein Rolls Royce in die Wiege gelegt würde, gratis natürlich, als Geburtstagsgeschenk!? – Wir bräuchten größere Wiegen! Und von Familienplanung wäre nicht länger die Rede.

Wo kämen wir hin, wenn alle Araber die Israelis (und umgekehrt, alle Israelis die Araber) zu achten und zu lieben begännen? – Wir wären in die Zeit des Neuen Bundes eingetreten.

~

Zum Schmunzeln

Was tun, wenn die eigenen Katzen

Walzer tanzen? – Mittanzen!

Mitmachen macht mehr Spaß als zugucken.

Nur arbeiten lässt man lieber andere.

Adalbert Ludwig Balling

Die Weisheit des Alters

Die Weisheit des Alters verleiht Abstand, aber nicht einen Abstand der Weltferne; sie lässt den Menschen über den Dingen stehen, ohne sie zu verachten; sie lässt uns die Welt mit den Augen – und mit dem Herzen! – Gottes sehen. Sie lässt uns mit Gott Ja sagen, auch zu unseren Grenzen, auch zu unserer Vergangenheit – mit ihren Enttäuschungen, Versäumnissen und Sünden. Denn »wir wissen, dass Gott bei denen, die ihn lieben, alles zum Guten führt« (Römer 8,28). Aus der versöhnenden Kraft dieser Weisheit erblühen dann Güte, Geduld, Verstehen und – jene köstliche Zierde des Alters: der Humor.

Papst Johannes Paul II.

Heiteres aus späten Lebensjahren

Der junge Polizist beugt sich über Oma Pichler, die ganz in sich versunken auf dem Rinnstein sitzt.

»Kann ich Ihnen helfen, meine Dame?«, fragt der Polizist.

»Setzen Sie sich ruhig neben mich«, sagt die Oma, »dann halten wir zusammen die Parklücke für meinen Mann frei!«

~

Auf dem Seniorennachmittag fragt der Pfarrer Frau Sieber, wie sie mit ihrem neuen Hörgerät zufrieden sei.

»Ausgezeichnet«, antwortet diese, »seit ich es besitze, habe ich mein Testament schon dreimal geändert!«

~

Während der Messe am Sonntagmorgen kullert zwischen den Kirchenbänken plötzlich ein künstliches Gebiss auf den Boden. Ein Mann schaut irritiert die ältere Dame neben ihm an, der es offensichtlich aus der Tasche gefallen ist.

Sie erklärt ihm: »Das gehört meinem Mann. Ich habe es zur Kirche mitgenommen, damit er sich nicht am Sonntagsbraten vergreift, bevor ich von der Messe zurück bin.«

~

Eine Gruppe alter Frauen tauscht sich auf dem Weg Neuigkeiten aus. »Habt ihr schon gehört, die Frau

Dings hat eine Feuerbestattung bekommen...«
Entsetzt meldet sich eine der Alten zu Wort: »Das
würde ich nicht überleben, wenn mich die Meinen
verbrennen ließen...«

~

Die 80-jährige Erna geht zur Beichte: »Damals vor
62 Jahren, da hab ich mich mit dem Otto heimlich
geküsst.«

»Aber Erna, das ist doch so lange her und schon
vergeben, die Absolution hast du doch auch schon
dafür bekommen.«

»Ach, es ist mir nicht um die Absolution, ich er-
innere mich bloß so gerne daran.«

~

»Worauf führen Sie eigentlich Ihr langes Leben zurück?«, fragt der Reporter den 100-Jährigen.

»Das kann ich noch nicht sagen«, antwortet der
Jubilar, »im Augenblick verhandle ich noch mit zwei
Frühstücksflockenfirmen und mit einem Fruchtsaft-
Fabrikanten!«

~

»Man hat mir von Ihrem hohen Alter erzählt«, sagt der Tourist zu dem Bergbauern.

»Ja, das stimmt. Ich bin schon 97 Jahre alt. Aber das ist noch gar nichts. Wenn mein Vater noch lebte, wäre er jetzt 134!«

~

In der überfüllten U-Bahn tippt eine stehende alte Dame dem sitzenden Hajo auf die Schulter und sagt:

»Wie wär's, mein Junge, darf ich dir meinen Stehplatz anbieten?«

Reinhard Abeln

Ich wünsche dir die Heiterkeit der Seele

Unser Wort »heiter« kommt
aus dem Mittelhochdeutschen »heitar«;
es stand für klar, deutlich, durch-sichtig.
Den blauen Himmel nannte man heiter –
er stimmt froh und zuversichtlich.
Wolkenlos, verheißt er gutes Wetter!

Ich wünsche dir Heiterkeit,
die aus deiner Seele kommt
und deine Seele fördert.
Ich wünsche dir Heiterkeit,
die besinnlich ist
und voller Zuversicht.

Ich wünsche dir Heiterkeit,
die andere an-steckt,
ohne sie zu überrumpeln;
die andere mit-reißt,
ohne sie zu entwurzeln.

Ich wünsche dir Heiterkeit,
die aus dem Glauben wächst,
denn der Glaube »ist die Heiterkeit,
die von Gott stammt« (Johannes XXIII.).

Ich wünsche dir Heiterkeit,
die die Ängste verscheucht
und das Vertrauen weckt.
Die er-muntert und zu-redet,
statt zu bremsen.

Ich wünsche dir die Heiterkeit der Seele;
die Leichtigkeit des Frommen;
die Güte des Heiteren.

Adalbert Ludwig Balling

Zum Nachdenken

Sonne und Regen,
die wechseln sich ab,
mal geht's im Schritt,
mal geht's im Trab.
Fröhlichkeit, Traurigkeit,
beides kommt vor,
eins nur ist wichtig:
Trag's mit Humor!

Volksgut

~

Gott weiß die Menschen
mit Humor zu nehmen.
Im Humor liegt Nachsicht:
Schon gut!

Abram Terz

~

Jedes Lachen
vermehrt das Glück
auf dieser Erde.

Jonathan Swift

~

Lachen und Lächeln
sind Tor und Pforte,
durch die viel Gutes
in den Menschen
hineinhuschen kann.

Christian Morgenstern

Kapitel VIII

Gott macht den Menschen glücklich

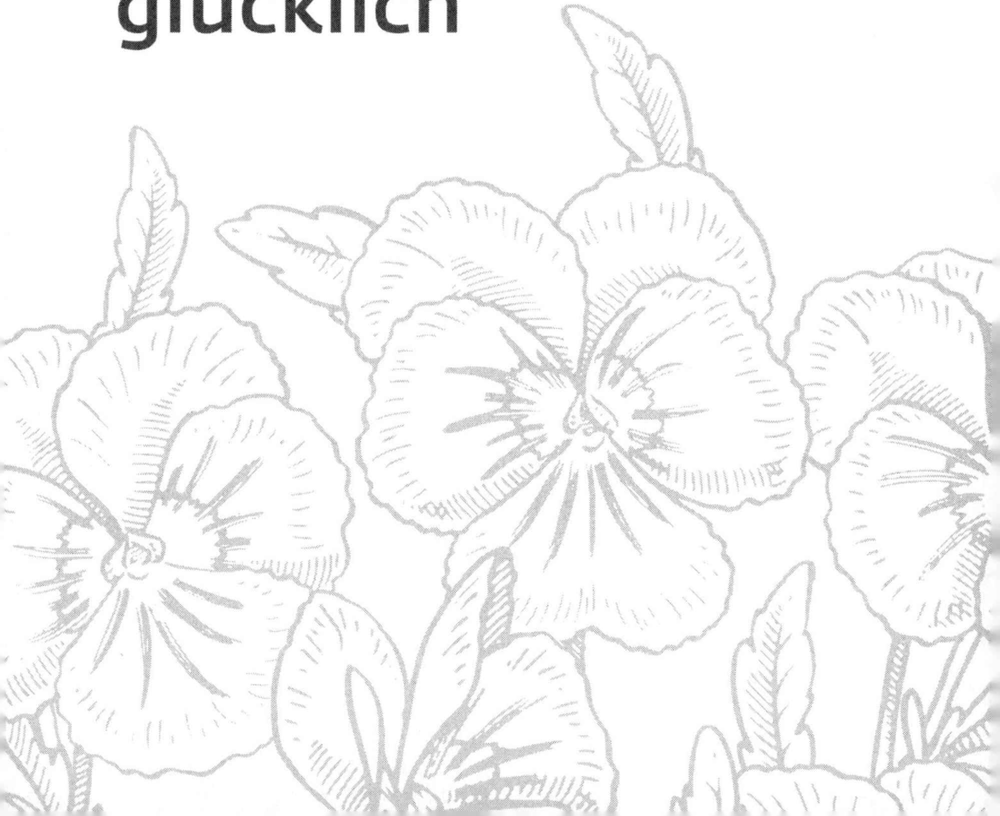

Es ist wunderbar zu wissen,
dass Gott uns liebt.
Ich möchte, dass möglichst
viele Menschen Gott kennen,
ihn lieben,
ihm dienen lernen,
denn das ist wahres Glück.

Mutter Teresa

Gottes Geschenk

In seiner Güte schenkt uns Gott an jedem Tag ein großes oder kleines Glück, und sei es nur das fröhliche Schwanzwedeln eines kleinen Hundes oder das kunstvolle Gewebe einer Spinne, in dem im Sonnenlicht Tautropfen aufleuchten.

In tausenderlei Gaben lässt sich die Gegenwart des Gebers begreifen – man muss nur Herz und Auge dafür auftun. Keiner meint es mit uns so gut wie Gott.

Von Indianern in Amerika ist uns folgender kleiner Vers überliefert: »Schön ist die Erde, schön ist der Himmel, schön sind die Menschen! Und ich lobe dich, guter Gott, für alles Schöne auf der Erde!«

Freuen wir uns über alles, was uns täglich begegnet – über Abendsonne und Abendwind, über den späten Besuch eines kleinen Marienkäfers, über Begegnung und Gespräch, über Verständnis und Vertrauen, über alles Wahre, Schöne und Gute! Wer das tut, macht sein Leben nicht nur erträglich, sondern auch ergiebig, lebenswert und er-lebens-wert!

Mit Recht sagt die Schriftstellerin Carmen Sylva: »Freude ist, das Leben durch einen Sonnenstrahl hindurchzusehen.«

Reinhard Abeln

Die Antwort des Poeten

Der 1912 in Rumänien geborene und seit 1938 in Frankreich lebende Schriftsteller Eugene Ionesco gab auf die Frage, was für ihn das größte Unglück wäre, die Antwort: »Alles ist Unglück – ohne Gott!«

Als Lieblingsbeschäftigung nannte er Malen und Beten und als seinen »Helden in der Wirklichkeit« den polnischen Pater Maximilian Kolbe.

Vielsagende Äußerungen eines berühmten Poeten; nachdenkenswerte!

Adalbert Ludwig Balling

»Herr,
ich bin glücklich«

Herr, ich freue mich,
weil du die Lilien des Feldes
und die Spatzen auf dem Dach liebst.

Ich freue mich, weil du keinen Unterschied machst
zwischen Weißen und Schwarzen.

Ich freue mich, weil die Wolken und die Flüsse
so unbekümmert und fröhlich sind.

Ich freue mich, weil ich jeden Tag –
fast jeden Tag! – etwas zu essen habe.

Ich freue mich, weil ich lesen und schreiben kann.

Ich freue mich,
weil meine schwarzen Brüder und Schwestern
so gerne lachen.

Ich freue mich,
weil auch die Heiligen frohe Menschen waren.

Ich freue mich, weil deine Religion so froh macht.
Herr, ich bin glücklich.

Aus Ostafrika

Weil er den Menschen liebt

Wenn Rabbi Israel ben Elieser seine Leute vom Unglück bedroht sah, pflegte er eine bestimmte Stelle des benachbarten Waldes aufzusuchen und dort zu meditieren. Um sich vor der Kälte zu schützen, entfachte er ein Feuer. Nachdem er ein bestimmtes Gebet gesprochen hatte, geschah das Wunder: Das Unglück wurde abgewendet.

Als sein Schüler Maggid, selbst ein berühmter Rabbi, später aus den gleichen Gründen beim Allerhöchsten Fürsprache für seine Leute einlegen wollte, ging auch er in den Wald, suchte die betreffende Stelle und sagte: Herr, ich weiß zwar nicht mehr, wie man das Feuer anfacht, aber ich kenne das Gebet... – Und wieder geschah das Wunder.

Maggids Nachfolger, Rabbi Löb, sagte, als er in den Wald ging, um für seine Leute zu beten: Herr, ich weiß weder, wie man ein Feuer entfacht, noch kenne ich das Gebet, aber ich kenne die richtige Stelle – und das sollte eigentlich genügen!

Wieder vergingen Jahre, dann fiel die Aufgabe, Unglück abzuwenden, dem Rabbi von Rizzin zu. Er saß gemütlich zu Hause in seinem Lehnstuhl, den Kopf in die Hand gestützt, und sagte: Herr, ich kann gar nichts; ich weiß nicht, wie man Feuer entfacht, ich kenne das Gebet nicht und die Stelle im Wald kann ich auch nicht mehr finden. Ich kann gerade noch die Geschichte erzählen. Das müsste doch genügen! – Und es genügte.

Martin Buber fügte dieser Geschichte hinzu: »Gott schuf den Menschen, weil er Geschichten liebt.« Vielleicht sollten wir anfügen: Gott wendet Unglück von uns ab, weil er uns liebt; er hat seinen Sohn einst sagen lassen: »Alles, um was ihr meinen Vater im Himmel bittet, wird er euch geben...«

Adalbert Ludwig Balling

Wahres Glück nur mit Gott

Triffst du jemanden,
der behauptet,
er sei zutiefst glücklich,
er habe den inneren Frieden gefunden –
auch ohne Gott,
dann glaube ihm nicht!

Wahres Glück
und echten Frieden
ist nur bei denen beheimatet,
die in Gott Freude gefunden haben
und Friede in seiner Nähe.

Adalbert Ludwig Balling

Von Gott getragen

Glücklich und zufrieden
ist letztlich nur der,
der sich von Gott angenommen weiß,
von ihm getragen,
von ihm geschützt –
und aus dieser Kraft heraus
seine eigenen Kräfte
in den Dienst am Nächsten stellt.

Adalbert Ludwig Balling

Unerwartete Geschenke

Herr, ich habe dich um Kraft gebeten,
um Erfolg zu haben.
Du hast mich schwach werden lassen,
damit ich gehorchen lerne.

Ich habe dich um Gesundheit gebeten,
um große Dinge zu tun.
Ich habe die Krankheit erhalten,
um Besseres zu tun.

Ich habe dich um Reichtum gebeten,
um glücklich zu sein.
Ich habe die Armut erhalten,
um weise zu sein.

Ich habe dich um Macht gebeten,
um von den Menschen geschätzt zu werden.
Ich habe die Ohnmacht erhalten,
um Verlangen nach dir zu verspüren.

Ich habe dich um Freundschaft gebeten,
um nicht allein leben zu müssen.
Du hast mir ein Herz gegeben,
um alle meine Brüder zu lieben.

Ich habe nichts gehabt von dem,
was ich erbeten hatte.
Ich habe alles gehabt,
was ich erhofft hatte.

Fast gegen meinen Willen
sind meine ungesagten Gebete erhört worden.
Ich bin der am meisten
beschenkte Mensch.

Aus einem Altersheim in New York

... und wieder scheint die Sonne

Es braucht nicht viel, um glücklich zu sein; es braucht
keine großen Reichtümer, um zufrieden zu sein. Oft
sind es alltägliche Dinge, die uns wichtiger sind als

gigantische Erfolge oder milliardenschwere Güter.

Ich denke an Mark Twains Tom Sawyer: »Tom schwamm buchstäblich in Reichtümern. Er besaß zwölf Murmeln, einen Teil von einer Maultrommel, ein Stück blaues Fensterglas, durch das man hindurchschauen konnte, eine Garnspule, einen Schlüssel, den Stöpsel einer Karaffe, einen Zinnsoldaten, ein paar Kaulquappen, ein einäugiges Kätzchen ...«

Um zu solcher Erkenntnis zu kommen, muss man Kind sein – oder ein meditativer Mensch; man muss sich Zeit nehmen, in Stille einmal über das eigene Leben nachzudenken. Wir alle gelangen manchmal an einen Punkt, wo wir uns selber sagen: So geht das nicht weiter! Noch ein paar hektische Tage, noch ein paar solche Wochen voller Stress und Überarbeitung – und wir können den Arzt rufen!

Wie wichtig Tage der Ruhe, der Einkehr, der Meditation sind, haben uns alle Heiligen vorgelebt, auch die großen Denker und Philosophen der Moderne wie der Antike.

Zufriedenheit, Glück, Freude fielen auch ihnen nicht einfach in den Schoß. Sie mussten sich darum mühen, mussten immer wieder versuchen, mit dem zufrieden zu sein, was ihnen zustand. Mussten jeden Tag neu lernen, das zu loben, was an Gutem und Großem, an Schönem und Herrlichem unser Leben erfüllt.

»Wir müssen Gott finden; er kann jedoch nicht im Lärm der Ruhelosigkeit gefunden werden. Gott ist der Freund des Schweigens. Schau, wie die Natur, wie Bäume, Blumen und Gräser in der Stille wachsen. Schau, wie Sterne, Mond und Sonne in der Stille ihre Bahn ziehen. Je mehr wir im stillen Gebet empfangen, desto mehr können wir in unserem täglichen Leben ausgeben« (Mutter Teresa von Kalkutta).

Der Hymnus eines schwarzafrikanischen Stammes lehrt uns Ähnliches:

»Die Sonne scheint,
hell brennt sie herab.
Der Mond geht auf in seinem Glanz;
der Regen fällt
und wieder scheint die Sonne.
Doch Gottes Auge überragt all diese Dinge.
Nichts ist vor ihm verborgen.
Du seiest im Hause, du seiest am Wasser
oder im dichten Schatten der Bäume,
er ist an jedem Ort –
über dir.«
Adalbert Ludwig Balling

»Sie sollten beten«

Während eines Fernsehinterviews wurde Mutter Teresa stark angegriffen: »Sie lieben die Armen, und das ist gut so. Aber wie steht es mit dem Reichtum des Vatikans und der Kirche?«

Die Ordensfrau sah den Interviewer an und antwortete ihm:

»Sir, Sie sind nicht glücklich. Irgendetwas verärgert Sie. Sie haben keinen Glauben.«

Überrascht fragte der Fragesteller zurück: »Und wie bekomme ich Glauben?«

Mutter Teresas Antwort war einfach und klar: »Sie sollten beten.«

Darauf erwiderte der Interviewer: »Ich kann nicht beten.«

»Dann werde ich es für Sie tun«, antwortete die Ordensfrau mit einem sanften Lächeln auf ihren Lippen. *Reinhard Abeln*

»Gib, dass ich wesentlich lebe!«

Das Gebet ist eine Existenzfrage für den Menschen
– ob er es wahrhaben will oder nicht. Es kann darüber entscheiden, ob ein Mensch glücklich oder unglücklich wird. Vielleicht könnte das folgende Gebet eine kleine Anregung für Ihr Gespräch mit Gott
sein:

»Guter Vater im Himmel! Du kennst mich besser,
als ich mich selbst kenne. Du hast mein Leben bis
in seine kleinsten Einzelheiten geplant, obwohl ich
deinen Plan nicht durchschauen kann und jemals
durchschauen werde. Du bist das Ziel meiner Wege,
auch meiner Umwege, Irrwege und Zick-Zack-Wege.

Ich weiß, dass du ein Herz hast, dass du den Menschen bedingungslos liebst, dass du gibst, auch wenn
du nimmst, dass du keine Antwort schuldig bleibst
auf die geringfügigste Frage. Mach du aus mir einen
wachsamen, guten und getreuen Knecht (Markus
13,37, Matthäus 25,13)!

Gib, dass ich wesentlich lebe und mich nicht an
Kleinigkeiten, die nichts taugen, verliere! Lass mich
erkennen, dass alles, was mir gelingt, ›Gnade‹ ist,
dass ich vom ›Empfangen‹ lebe!

Verzeihe, was ich gefehlt habe, vollende du, was ich nur beginnen konnte! Bleib du meine höchste Freude, mein unsagbares Glück! Amen.«

Reinhard Abeln

Glücklich ist einer ...

der Mit-Gott-Plaudern nicht
als Zeitvergeudung betrachtet

der nicht mit Gott hadert,
wenn ihm etwas zustößt,
was er – seiner Meinung nach –
nicht verdient hat

Adalbert Ludwig Balling

Dankgebet

Großer und guter Gott,
ich danke dir für jeden Tag,
den ich leben darf.
Ich danke dir für jedes Lächeln,
das mir einer schenkt.
Ich danke dir für jede Blume,
die mir Freude bringt.
Ich danke dir für jedes Tröpflein Glück,
für jeden friedlichen Augenblick,
für jeden empfangenen Freudenstrahl.
Herr, du lässt mich täglich spüren,
dass jeder Tag ein Geschenk von dir ist.
Ich danke dir für deine Liebe.
Amen.
Reinhard Abeln

Glücklich in Gott

Glücklich – mehr noch: selig sind,
die arm sind vor Gott und sich nicht einbilden,
selbst stark genug zu sein ohne Ihn.

Glücklich, die Gottes Barmherzigkeit brauchen
und alles von seiner Liebe erwarten,
denn Gott liebt sie und macht sie reich
und tut ihnen zu seinem Reich die Tür auf.

Glücklich, die Leid tragen,
denn Gott wird sie trösten.

Glücklich, die behutsam und freundlich sind,
denn diese Erde wird ihnen gehören.

Johannes Kuhn

Zum Nachdenken

Wenn der Mensch
nicht für Gott geschaffen wurde,
warum ist er dann
nur in Gott glücklich?
Wenn aber der Mensch
für Gott geschaffen wurde,
weshalb ist er dann
im Widerspruch zu Gott?

Blaise Pascal

Der Mensch ist falsch und unglücklich
allein mit sich selbst.
Es gehört der andere Mensch dazu,
es gehört die Gemeinschaft dazu,
es gehört die Welt dazu
und der Dienst an ihr.
Und es gehört das Ewige dazu,
nein, der Ewige.

Alfred Delp

~

Gott gibt auch
dem alternden Menschen Glück;
wer das begreift,
wird das Leben nie abschreiben;
und jeder Morgen ist ihm
wie ein neuer Anfang.

Christoph Martin Wieland

~

Die Quelle des Glücks
liegt im Herzen,
nicht im Besitz,
sondern in der Entdeckung
der Sinnhaftigkeit
unserer Existenz
und in der Gemeinschaft
mit dem Absoluten.

Jean Daniélou

Dem ewigen Glück entgegen

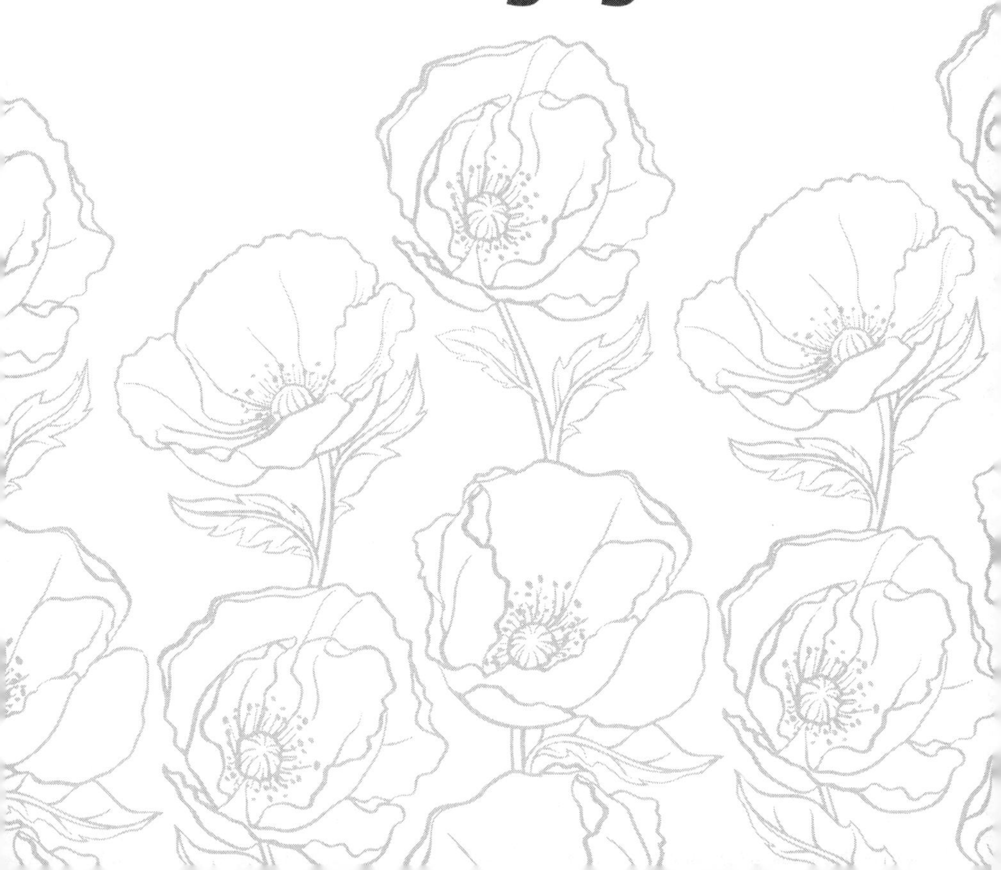

Die Freude des Christen
ist im Letzten Vorfreude.
Sie gründet in der wunderbaren
Verheißung Jesu
im Johannesevangelium:
»Aber ich werde euch wiedersehen.
Dann wird euer Herz
voll Freude sein
und diese Freude
kann euch niemand nehmen.«

Georg Karl Frank

~

Alles Leben muss einst vergehen,
Herr, deine Liebe bleibt
immer bestehen.
Sind wir gestorben,
dann nimmst du uns auf,
holst uns zu dir
in den Himmel hinauf.

Auf einem Kalenderblatt

Glücklich ist einer...

der am Ende seines Lebens
die Worte wagt:
Ich bin dankbar,
dass ich geboren wurde;
es war schön,
so viele Menschen gekannt zu haben;
ich werde aller gedenken,
wenn ich das andere Ufer
erreiche

der – wenn auch mit Tränen
in den Augen – seinen Lieben
zum Abschied sagen kann:
Es war gut, wie es war.
Lebt wohl –
und gedenket meiner!

der keine Langeweile kennt,

weil er mit denen zu plaudern versteht,

mit denen sich draht- und wortlos

so wunderbar reden lässt:

mit den verstorbenen Lieben

Adalbert Ludwig Balling

»Geh ein in die Freude deines Herrn«

Der Tod ist ein dunkles, fast unerträgliches Geheimnis. Alle Generationen der Menschheit haben mit ihm gerungen, weil er so radikal, so total und manchmal auch so plötzlich das Leben zerstört.

Wenn der Tod zugegriffen hat, ist nichts mehr rückgängig zu machen. Alles ist verloren. Wirklich alles?

Wir sind geneigt, den Gedanken an den Tod von uns wegzuschieben, obwohl wir jeden Tag mit dem Sterben konfrontiert werden: Wir lesen die täglichen Todesanzeigen in den Zeitungen. Wir hören vom plötzlichen Verlust eines bekannten Menschen bei einem Unfall oder vom Tod bei Kindern und Jugendlichen, die durch kurze, schwere Krankheit den Eltern entrissen wurden.

Wir beten im Gottesdienst: »Deinen Tod, o Herr, verkünden wir« – und dennoch ist für viele von uns das Thema »Sterben« tabu.

Hat der Alltag mit seiner Raserei uns vereinnahmt? Sind wir angesteckt von der Leides- und Todesflucht unserer Leistungsgesellschaft?

Marielene Leist, die bekannte Psychotherapeutin, erzählt in einem ihrer Bücher (»Von der Kraft der sieben Einsamkeiten«) von einer Urgroßmutter – einer gestandenen westfälischen Frau – auf dem Sterbelager. Diese habe ihre Familie aus dem Krankenzimmer hinausgewiesen und gesagt, sie müsse die letzten Stunden ihres Lebens mit Gott allein sein, weil es noch so viel mit ihm zu besprechen gebe.

Beim heiligen Augustinus, dem großen Kirchenlehrer, war es ähnlich. Das Mittelalter hatte sein »Sterbebüchlein« und lehrte die Menschen die Kunst des Sterbens, die »ars moriendi«. Wir dagegen scheinen nicht in der Lage zu sein, uns dem Tod zu stellen, die Kunst des Sterbens zu erlernen.

Warum? Leben wir nur ein ausgefülltes statt eines erfüllten Lebens? Sind wir einem prall gefüllten Koffer vergleichbar, in den nichts mehr hineingeht, auch nicht der Gedanke an das Sterben?

Denken wir vielleicht: »Es reicht noch – ich bin ja erst 20, 30 oder 40 Jahre«? Der Herr spricht immer wieder vom Tod als einem »Dieb, der in der Nacht kommt«, wenn niemand an ihn denkt. Diebe melden sich nicht an!

Ein winziges Blutgerinsel kann dem Leben innerhalb von Minuten ein Ende machen – trotz Blaulicht und Hubschrauber, Intensivstation und künstlicher Beatmung. Der Tod gewinnt das »Rennen« um die Zeit.

Dann merken wir, wie wahr das Lied im »Gotteslob« ist: »Ach wie flüchtig, ach wie nichtig ist der Menschen Leben! Wie ein Nebel bald entstehet und auch wieder bald vergehet, so ist unser Leben (GL 528).«

Das Leben zerrinnt uns unter der Hand. Es ist ein ständiges Kommen und Gehen, Grüßen und Verabschieden. Krankenhäuser und Friedhöfe sprechen ihre eigene Sprache. Ein alter Spruch sagt: »Der Tod hat keinen Kalender.«

Der im Jahre 1983 verstorbene frühere Bischof der Diözese Rottenburg-Stuttgart, Georg Moser, hat einmal gesagt: »Wir sollten jeden Tag auf unseren Tod eingestellt sein. Sterben ist ein Abschiednehmen, ein Heimgehen zum Vater, die letzte Liebeserklärung Gottes an den Menschen: ›Komm, du guter getreuer Knecht, geh ein in die Freude deines Herrn‹ (Matthäus 25,23).«

Knapper und treffender kann die christliche Botschaft vom Sterben wohl kaum noch ausgedrückt werden. *Reinhard Abeln*

»Trägt man im Jenseits das Futter nach außen?«

»Der Mädchenkrieg« von Manfred Bieler ist nicht nur ein dickleibiger (weit über 500 Seiten), sondern auch ein literarisch interessanter Roman. Herr Sixta, eine der Romanfiguren, schreibt in einem Brief an Sophie während ihres Klosteraufenthaltes:

»Ich fürchte den Tod, weil er das Ende meiner Liebe bedeutet. Wo ist die Liebe in meinem Tod? Vielleicht bin ich im Sterben bei mir selbst – aber genüge ich mir dann auch? Oder gleicht der Tod der Erschaffung der Welt? Ist er wie der Anfang unseres Lebens, als wir auch mit uns allein waren? Stirbt man, wie man einen Handschuh wendet? Trägt man im Jenseits das Futter nach außen? Fragen Sie, bitte, Ihren Beichtvater! Ich würde es gern wissen.«

Wie Sixta haben schon Millionen und Abermillionen Menschen gefragt. Vielleicht nicht so gebündelt, nicht so bohrend – aber auf irgendeine Weise fragt jeder Mensch danach, wie es im Jenseits aussehen könnte: Ist es Ende oder Anfang, lässt sich mit dem Tod alles wie ein Handschuh umdrehen, wird dann das Äußere innen und das Innere außen getragen? Müßige Fragen. Denn niemand kann darüber Auskunft geben.

Und jene, von denen uns in der Heiligen Schrift berichtet wird, jene wenigen, die wieder zum Leben erweckt wurden, nachdem sie bereits gestorben waren – ich denke an Lazarus, den jungen Mann von Naïn, die Tochter des Jaïrus –, sie haben uns keinerlei Aufschlüsse hinterlassen.

Niemand weiß also zu sagen, was der Tod für uns bereit hält; nur jene ahnen es, die an die Botschaft der Evangelien glauben, die die Worte Christi ernst nehmen: »Ich bin die Auferstehung und das Leben. Wer an mich glaubt, wird leben, auch wenn er gestorben ist; und jeder, der lebt und an mich glaubt, wird nicht sterben in Ewigkeit« (Johannes 11, 25–26).

Adalbert Ludwig Balling

Das endzeitliche Glück

Die Botschaft des Christentums ist eindeutig: Der Mensch lebt nach dem Tod weiter. Sein Tod ist kein Untergang, sondern ein Übergang, kein Ende, sondern eine Wende in eine neue Existenzweise, die unserer Erfahrung allerdings nicht zugänglich gemacht werden kann. Gott will das Leben, nicht den Tod!

Wir Christen haben eine unendliche Zukunft. Nichts hält unseren Weg zur Vollkommenheit und zur Teilhabe an Gottes Herrlichkeit auf. Sagen Sie sich darum immer wieder die Heilswahrheit: Ich gehe mit jedem Tag, den ich noch lebe, einen Schritt meinem Schöpfer und Erlöser entgegen!

In einem letzten Hirtenwort schrieb ein todkranker Bischof im Fernen Osten an die Gläubigen seiner Diözese: »Viele Male habe ich in Hirtenbriefen zu euch gesprochen. Heute wende ich mich zum letzten Mal an euch. Wenn dieser Brief zu euch kommt, hat Gott mich heimgerufen... Ihr alle werdet einmal diesen Weg gehen... Dieser Weg ist schwer, weil er steil vor uns liegt und wir ihn allein gehen müssen. Aber aus dem Osterglauben wissen wir, dass wir berufen sind, an der Herrlichkeit Gottes teilzunehmen.«

Welch schönes und trostreiches Wort am Ende eines bischöflichen Lebens! Der Christ weiß aus dem Glauben, dass alles, was jetzt ist, was ihn plagt und schindet, vergänglich ist und dass das Vergängliche eine unvergängliche Seligkeit zur Folge haben wird. Er ist darum ein Mensch der Hoffnung oder anders ausgedrückt: Er erwartet das ewige Leben, die ewige Freude.

»Ewig« bedeutet kein Zeitmaß. »Ewig« ist auch nicht so viel wie »endlos«. »Ewig« meint vielmehr un-vorstellbares, un-endliches, un-sagbares Glück. Johannes lässt uns in der »Apokalypse«, dem letzten Buch des Neuen Testaments, wissen, dass alles, was uns jetzt das Leben schwer macht, aufhören wird: »Der Tod wird nicht mehr sein, keine Trauer, keine Klage, keine Mühsal. Denn was früher war, ist vergangen« (Offenbarung 21,4).

Von dem berühmten Erzbischof von Mailand, Karl Borromäus (1538–1584), wird berichtet, er habe einst einem Künstler den Auftrag gegeben, ein Bild des Todes zu malen. Nach einiger Zeit übergab ihm der Maler eine Skizze. Er hatte den Tod dargestellt als Knochenskelett mit der Sense in der Hand. Aber damit war der Bischof nicht einverstanden. »So sollst du den Tod nicht malen«, erklärte er bestimmt, »stelle ihn dar als einen Engel mit einem goldenen Schlüssel in der Hand!«

Reinhard Abeln

Glaube an ein Fortleben

Alle großen Religionen haben das Leben nach dem Tode unmissverständlich bejaht.

Carl Gustav Jung

Der Gedanke, dass ebenso wie Jesus Christus auferstanden ist, auch mein Mann und meine Söhne eines Tages auferstehen und mit mir glücklich vereint sein werden, ohne dass wir uns je wieder trennen müssen, gibt mir neue Kraft und neuen Mut. Mein Geist wird erfrischt, das Herz wird froh und ich danke Gott für meinen Glauben an die Auferstehung, während ich tapfer versuche, mir die Tränen abzuwischen.

Rose Kennedy, Mutter der ermordeten Brüder
John und Robert Kennedy

~

Ich habe die feste Überzeugung, dass unser Geist ein Wesen ist ganz unzerstörbarer Natur; es ist ein Fortwirkendes von Ewigkeit zu Ewigkeit. Es ist der Sonne ähnlich, die selbst unseren irdischen Augen unterzugehn scheint, die aber eigentlich nie untergeht, sondern unaufhörlich fortleuchtet.

Johann Wolfgang von Goethe

Ewig bei Gott

Die Welt ist schön,
weil es die Zeit gibt –
den Tag,
die Stunde,
die Minute,
die Woche,
den Monat,
das Jahr;
Jahrzehnte,
Jahrhunderte,
Jahrtausende…
Die Ewigkeit ist end-lose Zeit.
Ewig werden wir bei Gott sein,
wenn er uns heimruft,
wenn er uns jenen Lohn schenkt,
der denen zuteilwird,
die ihn lieben.

Adalbert Ludwig Balling

Was ist eigentlich das Leben?

An einem schönen Sommertag um die Mittagszeit war große Stille am Waldrand. Die Vögel hatten ihre Köpfe unter die Flügel gesteckt und alles ruhte. Da streckte der Buchfink sein Köpfchen hervor und fragte: »Was ist eigentlich das Leben?« Alle waren betroffen über diese schwierige Frage.

Die Heckenrose entfaltete gerade eine Knospe und schob behutsam ein Blatt ums andere heraus. Sie sprach: »Das Leben ist eine Entwicklung.«

Weniger tief veranlagt war der Schmetterling. Er flog von einer Blume zur anderen, naschte da und dort und sagte: »Das Leben ist lauter Freude und Sonnenschein.«

Drunten im Gras mühte sich eine Ameise mit einem Strohhalm, zehnmal länger als sie selbst, und sagte: »Das Leben ist nichts als Arbeit und Mühsal.«

Geschäftig kam eine Biene von einer honighaltigen Blume auf die Wiese zurück und meinte dazu: »Nein, das Leben ist ein Wechsel von Arbeit und Vergnügen.«

Wo so weise Reden geführt wurden, streckte auch der Maulwurf seinen Kopf aus der Erde und brummte: »Das Leben ist ein Kampf im Dunkeln.«

Nun hätte es fast einen Streit gegeben, wenn

nicht ein feiner Regen eingesetzt hätte, der sagte: »Das Leben besteht aus Tränen, nichts als Tränen.«

Dann zog er weiter zum Meer. Dort brandeten die Wogen, warfen sich mit aller Gewalt gegen die Felsen und stöhnten: »Das Leben ist wie ein vergebliches Ringen nach Freiheit.«

Hoch über ihnen zog majestätisch der Adler seine Kreise. Er frohlockte: »Das Leben, das Leben ist ein Streben nach oben.«

Nicht weit vom Ufer entfernt stand eine Weide. Sie hatte der Sturm schon zur Seite gebogen. Sie sagte: »Das Leben ist ein Sichneigen unter eine höhere Macht.«

Dann kam die Nacht. Mit lautlosen Flügeln glitt der Uhu über die Wiese dem Wald zu und krächzte: »Das Leben heißt, die Gelegenheit nützen, wenn andere schlafen.«

Und schließlich wurde es still in Wald und Wiese. Nach einer Weile kam ein junger Mann des Wegs. Er setzte sich müde ins Gras, streckte dann alle viere von sich und meinte, erschöpft vom vielen Tanzen und Trinken: »Das Leben ist das ständige Suchen nach Glück und eine lange Kette von Enttäuschungen.«

Auf einmal stand die Morgenröte in ihrer vollen Pracht auf und sprach: »Wie ich, die Morgenröte, der Beginn eines neuen Tages bin, so ist das Leben der Anbruch der Ewigkeit!« *Schwedisches Märchen*

Englischer Rasen im Jenseits?

Als Kardinal John Heenan im Herbst 1975 starb, veröffentlichte die »Times« sein Vermächtnis, das er ihr fünf Jahre vorher übergeben hatte. Darin beschreibt der Kardinal auch seine Vorstellungen über das Leben nach dem Tod:

»Oft hoffe ich, dass der Himmel wie ein Passagierschiff mit nur einer Klasse ist, wo alle einander begegnen können. Im Evangelium heißt es: In meines Vaters Haus sind viele Wohnungen. Das macht mir ein bisschen Sorge. Ich habe Verwandte und Freunde, die in den besseren Wohnungen zu finden sein werden – meine Mutter zum Beispiel. Sie wird im Himmel höher stehen als ich. Sie war eine Heilige, wenn ich an die Launen meines Vaters denke. Ich hoffe, dass es auch Blumen und englischen Rasen gibt, damit ich ihn mähen kann wie jetzt auf der Erde ...«

Eine (deutsche) Briefschreiberin sandte mir den Zeitungsausschnitt und bemerkte dazu: »Finden Sie nicht auch, dass man dies nicht hätte veröffentlichen sollen? Es ist doch reichlich banal, was der Kardinal da von sich gibt!«

Wie die Äußerungen des britischen Kardinals auch immer beurteilt werden, ich kann in ihnen keine Häresie entdecken. Warum soll ein Erzbischof nicht einmal seine kindlich-einfachen Vorstellungen über das Leben nach dem Tod laut sagen dürfen?

Es sind persönliche Ansichten – wie Kardinal Heenan sie wohl auch verstanden wissen wollte: harmlose, niedliche (manche werden sagen: zu niedliche!) Bilder über den Himmel und das Leben jener, die einmal dort sein werden. Aber »banal« sollten wir sie nicht nennen.

Banal heißt so viel wie abgedroschen, fade, alltäglich, unoriginell. Und gerade das sind die blumenreichen Schilderungen des ehemaligen Primas von Großbritannien nicht. Sie sind – für einen Kardinal – vielleicht außergewöhnlich untheologisch. Aber was soll's? Welcher Theologe kann sich ein Bild vom Himmel machen?

Warum sollte sich Heenan nicht eine »klassenfreie« Gesellschaft wünschen, warum nicht auch das Wiedersehen mit lieben Verwandten? Und warum nicht mit Blumen und englischem Rasen?

Adalbert Ludwig Balling

»Sein Tod soll mich prägen«

Da gab es eine 78-jährige Frau, die seit Jahren liegen und viel leiden musste. Sie hatte auf ihrem Nachttisch einen Zettel liegen, den sie immer wieder zur Hand nahm und in Stille bedachte.

Auf diesem Zettel stand ein Wort, das einst der Apostel Paulus an die Gemeinde von Philippi geschrieben hatte: »Christus will ich erkennen und die Macht seiner Auferstehung und die Gemeinschaft mit seinen Leiden; sein Tod soll mich prägen. So hoffe ich, auch zur Auferstehung von den Toten zu gelangen« (Philipper 3,10ff.).

Derselbe Paulus hat uns noch ein anderes Wort hinterlassen, das wir uns zu eigen machen sollten. Er, der ehedem Christen verfolgte und am Tod des Stephanus mitschuldig war, sagt mutig und vertrauensvoll: »Ich vergesse, was hinter mir liegt, und strecke mich aus nach dem, was vor mir liegt« (Philipper 3,13).

Und was liegt vor mir? Gott hat uns nicht als Eintagsfliegen geschaffen, sondern zu Leben und Vollendung berufen. Er hat uns einen »neuen Himmel« und eine »neue Erde« verheißen, wo wir glücklich sein können und in Gemeinschaft mit ihm leben dürfen. *Reinhard Abeln*

Bevor ich sterbe

So lautet ein Gedicht des deutsch-jüdischen Dichters Erich Fried (er starb im November 1988). Und darin kommt die ganze Sehnsucht, das urtiefe Verlangen eines Menschen zum Ausdruck, der – ehe er hinübergeht in eine andere Welt – noch einmal ganz persönliche Wünsche äußert:

»Noch einmal sprechen
von der Wärme des Lebens,
damit doch einige wissen:
Es ist nicht warm,
aber es könnte warm sein.
Bevor ich sterbe,
noch einmal sprechen
von Liebe,
damit doch einige sagen:
Das gab es,
das muss es geben!
Noch einmal sprechen
vom Glück, der Hoffnung auf Glück,
damit doch einige fragen:
Was war das? Wann kommt es wieder?«

Urmenschliche Sehnsucht –
nach Wärme und Zärtlichkeit,
nach Liebe und Glück.
Sehnsüchte,
die ein langes Leben lang
nie ganz gestillt werden,
nie volle Erfüllung erlangen.
Aber das Wissen nach Liebe und Glück
ist bereits ein Stück Liebe,
ein Happen Glück.
Letztendliche Erfüllung
wird uns in diesem Leben nicht zuteil.
Das wusste schon Augustinus von Hippo:
»Unruhig ist unser Herz, o Gott,
bis es ruhet in dir…«

Adalbert Ludwig Balling

Der Schlüssel zum Glück

Da der Tod (um genau zu sein) der wahre Endzweck unseres Lebens ist, habe ich es mir in den letzten Jahren angelegen sein lassen, diesen wahren, diesen besten Freund des Menschen so gut kennenzulernen, dass der Gedanke an ihn für mich nicht nur keinen Schrecken enthält, sondern mir großen Trost und Frieden des Geistes bringt.

Ich danke meinem Gott, dass er mir das Glück und die Gelegenheit geschenkt hat, den Tod als den Schlüssel zu unserem wahren Glück zu erkennen.

Ich gehe nie zu Bett, ohne darüber nachzudenken, dass ich vielleicht, so jung wie ich bin, am nächsten Tage nicht mehr leben werde. Und doch wird niemand, der mich kennt, sagen können, ich sei im Umgang mürrisch oder traurig.

Für dieses Glück danke ich jeden Tag meinem Schöpfer und von ganzem Herzen wünsche ich dieses Glück all meinen Mitmenschen.

Aus einem Brief Mozarts an seinen Vater (1787)

Was uns Sterbebildchen sagen können

Als Kind habe ich Heiligenbildchen gesammelt und sie sehr geliebt und geehrt. Jetzt, im Alter, sammle ich Sterbebildchen, die ich genauso in Ehren halte. Ich werfe kein Bildchen, das ich erhalte, weg, sondern reihe es in meine Sammlung ein. Ein großer Stapel ist es schon geworden, wenn man diesen etwas respektlosen Ausdruck für eine solche Sammlung verwenden darf.

Auf den allermeisten Sterbebildchen ist die/der Verstorbene abgebildet. Unter der Abbildung stehen außer dem Namen auch das Geburts- und Sterbedatum, zusammen mit dem Ort der Geburt oder des Todes und dem Beruf. Ab und zu findet sich auf dem Sterbebildchen auch ein kurzer Lebenslauf, fast immer ein Gebet und ein frommer Wunsch wie: »Herr, gib ihr/ihm die ewige Ruhe«.

Anders als auf einer Todesanzeige fehlen die Namen der trauernden Angehörigen. Der Tote ist allein auf dem Sterbebildchen. Der Ehegatte, die Kinder und die Enkel werden nicht erwähnt, zumindest nicht ihre Namen.

Bei den meisten Sterbebildchen – seien es doppelte oder einfache – finde ich außer dem Bildnis des

Toten noch ein weiteres Bild: das Bild des gekreuzigten Jesus oder das des auferstandenen Christus oder auch das Bild der Schmerzensmutter Maria, die Pieta mit dem toten Sohn auf dem Schoß. Wohl noch nie waren das Gesicht des Verstorbenen und das Bild Christi (mit seiner Mutter) auf so kleinem Raum – einem Stückchen Papier – so eng beieinander.

Das ist des Nachdenkens wert. Beide Gesichter – das des Verstorbenen und das des Gekreuzigten (Auferstandenen) – gehören auf dem Sterbebildchen zusammen. Sie sind wie eine Klammer, wie Vorder- und Rückseite, wie Wappen und Zahl bei einer Münze. Auch wenn jeder »seinen eigenen Tod« bestehen muss, auch wenn kein Angehöriger die letzte Schwelle mit dem Sterbenden überschreiten kann, so stirbt letztlich doch keiner allein.

Auf dem Sterbebildchen sind der gekreuzigte (auferstandene) Jesus und seine Mutter gleichsam die nächsten Angehörigen des Verstorbenen geworden. Die noch lebenden Hinterbliebenen treten zurück. Es gilt, was der Apostel Paulus einmal an die Römer geschrieben hat, dass wir im Tod dem Bild des Sohnes gleichgestaltet werden – ein Vorgang, der in der Taufe begonnen hat und in der Ewigkeit vollendet wird.

Reinhard Abeln

Zum Nachdenken

Wohin können wir denn sterben,
wenn nicht in immer höheres,
größeres – Leben hinein?

Christian Morgenstern

~

Wenn ich an die großen Güter denke,
die meiner harren,
scheinen mir alle Leiden
dieser Erde nur wie ein Zeitvertreib.

Franz von Assisi

~

Ich sterbe nicht,
ich trete ein ins Leben.

Therese von Lisieux

Quellenverzeichnis

Ein Teil der von Adalbert Ludwig Balling verfassten Texte stammen aus seinen im Verlag Mariannhill (Würzburg) erschienenen Schriften sowie aus zahlreichen in anderen Verlagen veröffentlichten und inzwischen vergriffenen Büchern. Alle Rechte beim Autor.

Für den Text »Glücklich in Gott« (S.175f) von Johannes Kuhn danken Verlag und Herausgeber dem Autor für die freundliche Abdruckerlaubnis. Alle Rechte beim Autor.

Die Quellen der einzelnen Zitate

sind so vielseitig wie die ausgesuchten Sinnsprüche, bildhaft-bunt und tiefsinnig; bei zahlreichen war es unmöglich, sie zu orten. Aber weil möglichst viele Autoren zu Wort kommen sollten, spricht (fast) alles dafür, dass ein *Mit-dabei-sein-Dürfen* schon einem Dankeschön unsererseits (der Herausgeber) an die Zitierten gleichkommt. Allen, die dieses »Forum« erklommen haben – und sei es nur mit wenigen Worten – gilt unser Respekt und unser Dank.

Ein besonderes Dankeschön

geht an jene Verlage, in denen ich seit vielen Jahren/Jahrzehnten publiziere und aus deren Büchern ich Kurzpassagen entnommen habe. Es sind ausschließlich meine eigenen Texte. Leider ist mir nach dem Kopieren meiner »Entnahmen« das Versäumnis unterlaufen, alle kopierten Texte auf ihre Erst-Druck-Quelle hin zu kennzeichnen. Daher meine Entschuldigung und gleichzeitiger Dank an die betroffenen Verlage und Lektorate: Herder, Freiburg; Butzon & Bercker, Kevelaer; Morus, Berlin; Agentur des Rauhen Hauses, Hamburg; Bernward, Hildesheim; Neue Stadt, München; Kreuz, Stuttgart; Benno, Leipzig: Engelsdorfer, Leipzig – und, last not least, Mariannhill Würzburg. Bei eventuellen Neuauflagen sollen die Wünsche der betreffenden Verlage berücksichtigt werden. (ALB)

Autoren und Herausgeber

Reinhard Abeln, Dr. phil., geb. 1938, studierte nach der Ausbildung zum Grund- und Hauptschullehrer Philosophie, Psychologie, Pädagogik und Anthropologie. Er war als Journalist in der Kirchenpresse und Referent in der Erwachsenenbildung tätig. Als Autor hat er zahlreiche Veröffentlichungen über Lebens-, Ehe- und Erziehungsfragen vorgelegt sowie viele Kinderbücher verfasst. Reinhard Abeln ist verheiratet und hat zwei erwachsene Kinder.

Adalbert Ludwig Balling, geb. 1933, ist Mariannhiller Missionar. Nach sechseinhalb Jahren in Rhodesien/Simbabwe (und dann wieder in Deutschland) war er als Journalist, Redakteur und Publizist tätig. Seine Bücher fanden weite Verbreitung. Dutzende wurden in Fremdsprachen übersetzt. Auf zahlreichen Foto- und Info-Reisen lernte er Menschen und Kulturen auf allen Erdteilen kennen. Die von ihm herausgegebene Reihe der »Mariannhiller Geschenkbände« umfasst 120 Titel. Seine umfangreichen Biografien wurden zu Standardwerken missionarischen Lebens und Wirkens. Sein Motto: Freude ist eine Liebeserklärung an das Leben. Wer mithilft, die Schöpfung zu bewahren, baut Brücken in die Zukunft.

Ja zum Leben

Reinhard Abeln
Adalbert L. Balling
**Für jeden Tag
ein Dankeschön!**
*Ein Lese- und
Vorlesebuch*

....

14 x 21 cm;
174 Seiten;
mit Leseband;
gebunden
ISBN 978-3-460-**32138**-0

Viele denken, es brauche Glück, um dankbar zu sein. Wahr ist: Es braucht Dankbarkeit, um glücklich zu sein. So könnte das Credo lauten, das die Geschichten und Texte durchzieht, die die beiden prominenten Autoren geschrieben und zusammengestellt haben. Ein Lesebuch zur Dankbarkeit, das Lesevergnügen bereitet und einlädt, dem Leben und seinen Mitmenschen mit einem freundlichen Ja zu begegnen.

....

Verlag Katholische Bibelwerk • Silberburgstraße 121 • 70176 Stuttgart
Tel. 07 11 / 6 19 20 –37 • Fax –30 • vertrieb@bibelwerk.de
www.bibelwerk-impuls.de

© 2016 Verlag Katholisches Bibelwerk GmbH, Stuttgart
Alle Rechte vorbehalten

Für die Texte der Einheitsübersetzung der Heiligen Schrift
© 1980 Katholische Bibelanstalt, Stuttgart

Umschlaggestaltung: Finken & Bumiller, Stuttgart
Umschlagmotiv: © photocase.com, pixelhans
Bildnachweise: Brauner Anhänger mit Kordel, S. 11, 29, 49,
75, 95, 123, 141, 159, 179 © Zerbor/fotolia; Seamless floral
pattern, S. 10, 74 © tets/fotolia; magnolias | seamless blue
pansies | gray poppies, S. 28, 94, 122, 140, 158, 178 © grey_
ant/fotolia; seamless monochrome floral pattern, S. 48
© citradora
Layout und Satz:
Weiß-Freiburg GmbH – Graphik & Buchgestaltung
Herstellung: Finidr s.r.o., Český Těšín
Printed in the Czech Republic

www.bibelwerk-impuls.de
ISBN 978-3-460-32149-6